마음을
사로잡는
대화법

HITOO UGOKASU, SOKUSENGRYOKUNO SINGRIWAJUTU
by SAITO ISAMU

사이토 이사무 지음 · 이유영 옮김

SIA 시아

서문

인간관계와 비즈니스의 심리 대화법

사람을 움직이는 것은 말이며, 말은 칼보다 강하다. 말은 상대방의 마음을 움직이기 때문이다. 정확하게 말하면 상대방을 움직이는 것은 말이 아니라 '화술(話術)'이다. 술(術)이라고 하면 상대방을 속인다는 의미로 받아들일 수도 있으므로 커뮤니케이션 기법이라고 표현하는 것이 좋겠다.

커뮤니케이션 기법으로서의 대화법은 최근 비즈니스맨들에게 중요한 기능으로 인정받고 있는데, 그것은 기업 환경이 급속하게 변화하고 있기 때문이다.

기업은 조직이며, 조직을 구성하는 것은 인간이다. 그렇기 때문에 기업 활동에서 인간관계를 원만하게 이끌어 주는 커뮤니케이션 기법의 중요성에 대해서는 두말할 나위가 없다.

얼마 전까지 고도 성장기를 맞이했던 기업들은 연공서열, 종신고용이 당연하게 여겨지던 분위기였기 때문에 서로 잘 아는 회사 동료들과 평생을 같이 하는 조직 구조 속에서 근무해 왔으며, 단골 거래처를 통한 거래로 특별한 커뮤니케이션 방법이 필요했던 것도 아니었다. 그저 지금까지 해 온 방식대로 열심히만 하면 모든 일이 잘 풀리는 구조였다 해도 지나친 말이 아니다.

하지만 최근 몇 년 동안 일본식 경영이 붕괴되면서 회사는 철저한 성과 제도를 도입했고, 근본적인 구조조정과 헤드 헌팅을 통한 스카우트 등으로 사람들의 이동이 심해졌다. 새로운 상대, 새로운 거래처와의 만남이 많아지면서 기존의 법칙들이 통용되지 않게 되었으며, 이제부터는 비즈니스맨들이 자신만의 비즈니스 기법으로 어려움을 헤쳐 나가야만 하는 시대가 온 것이다.

이런 과정 속에서 대인 관계가 무엇보다도 중요하게 되었다. 대인 관계의 핵심은 상대방의 마음을 움직일 수 있는 대화법이라고 나는 단언한다. 비즈니스를 성공으로 이끌어 가기 위한 대인 심리학과 언어 사회학을 바탕으로 한 대화법을 알기 쉽게 소개한 이 책을 통해 훌륭한 심리 대화를 습득하여 승리자의 길에 들어설 수 있게 되길 바란다.

사이토 이사무

목차

2장 사람의 마음을 사로잡는 심리 대화 법칙

6장 심리 대화 달인들의 고급 대화

1

무(無)에서유(有)를만드는 심리 대화법

1 사람의 인상은 '말'이 지배한다

상대방을 자신의 의도대로 움직이게 하는 '말의 심리적인 최면 효과'를 알고 계십니까? 그런 마법 같은 말이 정말로 있다면 인간관계의 어려움은 훨씬 줄어들 수 있을 겁니다.

지금도 많은 사람들이 이 마법의 수수께끼를 풀기 위해 노력 하고 있습니다. 세계 최고의 심리학자들이 하고 있는 말(언어)의 마력에 대한 연구가 그 중 하나입니다.

케리라는 학자는 사람을 소개할 때 그 사람의 성격에 대해 '따뜻하다'는 말 대신 '차갑다'는 말을 사용하는것 만으로도 소개 받은 사람의 인상은 매우 나빠질 수 있다는 발표를 했고, 미국의 아론슨과 린다라는 심리학자는 말의 순서가 바뀌는 것만으로도 그 사람의 인상이 완전히 달라져 버린다는 실험 결과를 발표 했습니다.

이것은 말에 사람의 인상을 자유자재로 지배하는 최면 키워드가 있음이 심리학적으로 증명되고 있다고 할 수 있습니다. 더구나 인간이란 불가사의한 존재라 똑같은 말도 듣는 장소나 시간, 분위기에 따라서 상당히 다르게 받아들이는 특성이 있습니다. 이런 심리적인 특성을 잘 활용한다면 당신도 틀림없이 사람을 자유자재로 움직이게 할 수 있을 겁니다.

우선 그 기본이 되는 인간심리의 미묘한 부분을 명확하게 밝힌 실험부터 소개해 보기로 하겠습니다.

말 한마디의 요술

말 한마디가 그 사람의 인상을 완전히 바꿔 버리는 경우가 있습니다.

A의 경우

"이번에 만난 그 사람 인상이 어때?"

"글쎄, 뭐랄까……좀 차가운 느낌이 드는 사람이야. 성실하긴 하지만 현실적이고, 약간 날카롭게 말하는 편이고……."

"그렇구나."

A와 B는 평소부터 친하게 지내던 사이입니다. 그런데 최근 A에게 남자친구가 생겼습니다. B는 새로 생긴 A의 남자친구로 인해 둘의 우정에 이상이 생기지는 않을지 걱정이 되고 질투도 났습니다. 그런데 그가 어떤 사람이냐는 질문을 받은 A가 대답 하기를, 좀 차가운 느낌이 드는 사람이라고 했습니다. 그 뒤에 나오는 '성실', '현실적'이라는표현은 '차가운'에 묻혀서 그남자는 고지식하고, 차갑고, 현실적인 사람으로 느껴졌습니다. 이말을 액면 그대로 받아 들인다면 A와 그 남자는 오래 사귈 만한 사이가 아닌 것 같습니다.

그런데 만약 A가 말한 '차갑다'는 말이 '따뜻하다'는 말로 바뀐다면 어떻게 될까요?

자, 지금부터 다시 처음으로 돌아가서 '차갑다'는 말 대신 '따뜻하다'라는 말로 바꾸어 A의 대답을 읽어 보십시오. 아까와는 전혀 다른 느낌이 들지 않습니까?

B의 경우

“이번에 만난 그 사람 인상이 어때?”

“글쎄, 뭐랄까……좀 따뜻한 느낌이 드는 사람이야. 성실하긴 하지만 현실적이고, 약간 날카롭게 말하는 편이고…….”

“그렇구나.”

단어 하나를 바꾸었을 뿐인데도 그 다음에 이어지는 모든 표현이 그 사람의 장점만을 나타내는 것처럼 들립니다. 차갑고 현실적인 사람이 단어 하나 차이로 성실하고 이성적인 사람으로 변해 버렸습니다.

언어의 묘한 힘이 느껴지지 않습니까?

앗슈라는 학자의 말을 따르면 사람의 성격을 나타내는 특성에는 전체적인 인상에 영향을 주는 ‘중심적 특성’과 그 중심적 특성에 의해 좌우되는 ‘주변적 특성’이 있다고 합니다.

앞의 이야기에서는 ‘차갑다’와 ‘따뜻하다’가 중심적 특성이라고 할 수 있는데, 그것이 ‘현실적’과 ‘성실’이라는 말을 제치고 전체적인 이미지를 결정해 버린 것입니다.

앞에서도 언급한 케리라는 학자는 사람을 소개하는 말에서 인격을 나타내는 몇 마디의 단어 중 ‘따뜻하다’는 말을 넣었을 경우와 ‘차갑다’라는 말을 넣었을 경우에서 호감도의 차이를 조사해 보았

보았는데, 다른 말은 똑같고 단지 '따뜻하다'는 한마디가 '차갑다'로 바뀌었을 뿐인데도 소개받은 사람에 대한 호감도는 상당히 달라져 있었다는 실험 결과를 발표하였습니다.

이처럼 '친절하다'거나 '딱딱하다'는 중심적 특성을 나타내는 말을 다른 사람과 대화하면서 의식적으로 사용함으로써 자신의 결점을 보완하는 소개를 한다거나, 그 반대의 효과를 노리거나 하는 것도 가능합니다.

언어의 마력, 무시할 수 없지 않습니까?

칭찬만 하라?

"나를 어떻게 생각해?"

평소부터 C(남)의 넉넉하지 못한 애정 표현에 불만을 느끼던 D(여)는, 어느 날 그에게 이렇게 물었습니다. C로서는 새삼스럽고 쑥스러운 일이지만 D의 기분을 상하게 하지 않으려는 생각에 머릿속에 떠오르는 온갖 미사여구를 늘어놓습니다.

"그거야 D는 귀엽고 아름답고 정숙해서 품위가 있고, 게다가 건강하고 남을 배려할 줄 아는, 좋은 사람이라고 생각해."

C로서는 최선을 다해 칭찬을 해 주려고 했지만 왠지 좀 '지나치다'는 생각이 드네요. 이런 말은 상대방에게 '입술에 침도 바르지 않고 술술 잘도 말하네'하는 생각이 들게 할는지도 모릅니다.

그런데 반대로 C가, " D는 제멋대로이고 고분고분하지도 않고 섬세한 성격도 아니지만, 나는 그런 D가 너무 사랑스러워." 하고 말한다면 얄밉게 느껴지기보다는 정말로 C가 그렇게 생각하는 것처럼 느껴질 겁니다.

이처럼 처음부터 마지막까지 칭찬일색의 말을 하는 것보다 처음에는 좀 기대에 못 미치는 얘기를 하다가 마지막에 가서 '의외의 한마디'를 던진다면 상대방을 단숨에 사로잡아 버릴 수 있습니다.

미국의 심리학자 아론슨과 린다는 다음 4가지의 대화법을 시도해 보았습니다.

① 처음부터 마지막까지 상대방을 칭찬한다.

② 처음에는 상대방을 칭찬하다가 중도에서 깎아내린다.

③ 처음에는 상대방을 깎아내리다가 중도에서 칭찬한다.

④ 처음부터 마지막까지 상대방을 깎아내린다.

여기서 가장 좋은 효과를 얻은 경우는 ③의 경우였습니다.
이 실험에서 특히 눈여겨 볼 점은 가장 좋은 점수를 얻는 경우가 처음부터 끝까지 칭찬일색의 말만 늘어놓는 ①의 경우가 아니라는 점입니다. 이것은 굳이 실험을 통해 증명하지 않아도 상식적인 감각으로 이해할 수 있을 것이라 생각합니다.

그러나 애석하게도 인간은 나약한 존재이기 때문에 상대방이 나에게 호감을 가지고 있다는 것을 알고 있다면 조금이라도 더 점수를 얻고 싶은 욕심에 대담하게 상대방을 폄하시키는 말은 좀처럼 하기 어렵습니다. 때문에 ③의 방법을 실생활에 적용시키는 일이 쉽지만은 않습니다.

하지만 오히려 그런 때야말로 '참을 인(忍)'자를 생각하며, 시작은 약간 신랄한 어조로 말하고, 마지막에 반짝 빛나는 말을 건네야 합니다. 이런 방법이라면 상대방도 감쪽같이 심리적인 암시에 걸려 말의 순서가 바뀌는 것만으로 인상이 완전히 바뀌어 버리는 겁니다. 이것도 언어의 심리적인 최면 효과라고 할 수 있습니다.

하지만 마음 약한 자여, 그대 이름은……, 그렇습니다, 바로 당신입니다.

권위를 입자

"자, 상의는 벗어서 거기에 두세요."

"네."

"속옷도 벗으셔야 합니다."

"알겠습니다."

"편안하게 긴장을 푸시고, 가슴을 펴세요."

"……."

"네, 숨을 크게 들이마시고. 자, 멈추고!"

이 대화는 방사선 검진 의사와 검진을 받으러 온 여성과의 대화입니다. 이처럼 진료를 받으러 갔을 때는 전혀 안면이 없는 남자라 해도 상대방이 의사라면 아무런 저항감 없이 옷을 벗을 수 있습니다.

남성의 경우도 마찬가지입니다. 진료를 받으러 간 병원의 의사가 처음 본 여자라 할지라도 옷을 벗는다는 것이 그리 이상한 행동은 아닙니다.

그렇다면 여기에서 잠깐 아래의 사항을 생각해 보겠습니다.

A. 당신이 여성이라면

방사선 촬영을 하기 위해 진단실로 들어갔는데 그곳에 있는 의사가,

① 나이는 50세 전후로 보이는 약간 희끗희끗한 머리 색에 안경을 쓴, 점잖아 보이는 남성

② 갈색 머리에 언뜻 보아 20대 후반 정도의 나이로 가벼워 보이는 남성

자, 당신이라면 어느 의사 앞에서 편안하게 옷을 벗을 수 있겠습니까?

B. 당신이 남성이라면

진료하러 나온 여의사가,

① 머리는 한껏 뒤로 잡아당겨 묶고 안경을 걸친 40세가 갓 넘은 듯한 사감 선생님 같은 타입의 여성

② 긴 머리에 가운을 걸치고 안에는 니트 복장을 한 30세 정도의 여성

어느 타입 앞에서 쉽게 옷을 벗을 수 있을까요?

두말할 것 없이 A와 B의 경우 모두 ①번 쪽이 편안한 마음으로 옷을벗을수있을겁니다. ' 저는②번입니다'하고 대답하는 사람이 있다면 그 사람은 옷을 벗는 의도가 다르겠지요.

일반적 상식에 따르면 상대방이 의사다운 쪽에 저항감을 느끼지 않고 옷을 벗게 됩니다. 그 까닭은 무엇일까요?

마음 약한 우리 호모 사피엔스는 권위 앞에서 매우 쉽게 순종해 버린다는 특징이 있기 때문입니다.

이러한 권위의 효과는 실생활에서도 적용될 수 있습니다. 설령 당신이 권위자가 아니라도 당신이 하는 말에 '권위의 옷'을 입힌다면 밀그램의 실험과 동일한 효과를 얻을 수 있는 것입니다.

'ㅇㅇㅇ 선생의 말로는…….'
'평론가이신 ㅇㅇㅇ가 이런 말을 했는데.'
'사장님으로부터 들은 말인데…….'

이 모두가 권위를 배경으로 한 심리적인 최면 언어라고 할 수있습니다.

이때 명심할 것은 상대방이 어떤 타입의 권위에 약한지 미리 예측해 두어야 한다는 점입니다.

만약 당신의 상사가 무조건 윗사람에게 아부하기를 좋아하고 '호랑이의 권위'를 업고 부하들 앞에서 빼기기 좋아하는 사람이라면 '이번 여름휴가 때 ㅇㅇ 부장님 댁에 놀러 갔었다'는 말로 상사들과 친하다는 인상을 풍겨 당신의 의견이 충분히 받아들여질 수 있는 분위기를 조성할 수 있습니다.

그러나 호랑이 권위를 빌리는 화법은 자칫 잘못하면 거부감을 줄 수도 있으므로 세심한 주의가 필요합니다.

한 번의 만남만 못하다

'50통의 편지보다도 대화 1시간.'

이 말을 남긴 사람은 17세기에 활약한 세비니에라는 프랑스의 여성작가로, 그는 편지쓰기를 무척이나 즐겨했습니다. 그의 1,500여 통에 이르는 서간집은 프랑스 고전주의 문학의 수작으로 일컬어지고 있습니다. 이토록 편지쓰기를 좋아하던 그도 인간이란 역시 직접 대화를 나누는 것이 더욱 가치있다는 말을 남긴 것입니다.

어떠한 미문(美文)의 편지보다도 직접 만나서 의사를 전하는 편이 그 의미가 더욱 잘 통하리라는 것은 너무나 당연합니다.

물론 요즘처럼 전화나 이메일이 발달된 시대에서, 굳이 만나지 않아도 의사소통이야 되겠지만, 진실로 그 사람을 이해하는데에 서로 얼굴과 얼굴을 마주하는 것만큼 좋은 방법이 없다고 생각합니다.

누가 뭐라 해도 서로 얼굴과 얼굴을 마주하는 곳에서 이해와 용서와 사랑의 꽃이 피어나는 법입니다. 비록 한 번의 만남으로는 아무 것도 이루지 못했다 하더라도 자주 만나고 부딪히는 가운데 이해의 폭은 더욱 넓어질 수 있는 것입니다.

'인간은 상대방을 만나면 만날수록 호감을 갖게 된다.'

이것을 '숙지성(熟知性)의 원칙'이라고 합니다.

이 숙지성의 원칙을 심리적 최면 언어에 응용시키면 어떻게 될까요? 실제로 그 사람을 만난 것은 몇 번밖에 되지 않지만 계속 만나 온 듯한 행동을 하는 겁니다. 사람을 만났을 때 마치 그사람에 관한 일을 잘 알고 있는 것처럼, '당신과 이야기를 하고 있으면 오랜만에 만났다는 느낌이 전혀 들지 않아요' 하고 말하는 겁니다.

이런 종류의 직접적인 화법은 시작에 불과합니다. 좀더 고차원적인 심리적인 최면 언어를 사용한다면, 상대방과 처음 만난자리에서라도, '저는 전생 따위는 믿지 않는 사람입니다만, 역시 과학만으로는 설명될 수 없는 점들이 있는 것 같군요. 당신을 눈앞에 두고 나도 모르게 그렇게 생각하게 되네요' 하고 말한다면 당신은 상대방의 호감을 받을 수 있습니다. 물론 너무 지나치면 아니한 것만 못하므로 주의해서 사용하셔야 합니다.

비즈니스의 장에서도 이 원칙은 기억해 두는 것이 좋습니다. 오래간만에 만난 거래처 사람에게 '정말 오랜만이네요. 건강하십니까?' 따위의 인사말보다는 '소식은 듣고 있었습니다만 여전하시지요?' 하고 상대방에 대한 정보를 항상 접하고 있음을 강조합니다. 이것이 심리적 최면 대화의 활용법입니다.

맞장구와 수긍의 놀라운 힘

말을 많이 하는 것보다 시기 적절한 말을 적당한 때에 맞춰 하는 것이 더 효과적입니다. 또한 수다스러운 것보다 약간 과묵해 보이는 것이 그 사람의 말의 신용을 높여 주기도 합니다. 이것은 말로써 다른 사람을 설득할 때도 마찬가지입니다. 억지로 말을 많이 하지 않아도 상대방을 당신이 원하는 방향으로 이끌어 갈 수 있는 방법이 있습니다.

그 중에 한 방법이 맞장구입니다. 맞장구치는 방법이야말로 적은 노력을 필요로 하는 것에 비해 그 효과는 대단하다고밖에 표현할 수 없습니다.

'음' , '과연', ' 그래요?'등, 나열하면 끝이 없을 정도로 맞장구의 종류는 다양합니다. 이런 맞장구를 상대방이 애기하는 중간에 적절하게 해 주면, 상대방은 당신이 자신의 얘기를 주의 깊게 들어 주고 있으며 수긍해 주고 있다고 생각하고, 당신에 대해 매우 호의적이게 됩니다.

굳이 소리를 낼 필요도 없습니다. '음'이나 '아!'소리조차 내지 않고 다만 고개를 끄덕이는 방법으로도 맞장구의 효과는 충분히 나타납니다.

마타라조라는 학자는 맞장구와 관련된 실험을 하였는데, 면접시험이라는 설정 아래 시험관과 수험자가 45분간 서로 마주하여 대화를 나누게 했습니다. 여기에서 시험관은,

① 처음 15분 동안에는 평범한 면접을 보고,
② 다음15분 동안은 수험자 앞에서 면접관이 자주 수긍해 주고,
③ 마지막 15분 동안은 수험자와 대화를 하되, 전혀 수긍하는 자세를 보이지 않는 방법을 통해 수험자의 변화를 지켜보았습니다.

이 실험에서 ②의 경우가 ①, ③에 비해 수험자가 48~67퍼센트 정도 많은 말을 하는 결과를 보였습니다.

머리를 끄덕여 주는 것만으로도 상대방의 말은 많아집니다. 대화의 실마리를 풀어나가는 과정이 훨씬 즐거워지는 셈입니다. 사람은 누구나 자신의 말을 들어 주고 공감을 나타내 주면 왠지 친근감이 느껴지고 기분이 좋아집니다. 처음 만난 사이인데도 오래 만난 친구처럼 느껴지고 다음에 다시 만나고 싶다는 생각도 갖

갖게 합니다.

'그렇습니까?' '과연' 등의 말로 적절하게 맞장구를 쳐 주는것이 중요한 포인트입니다. 다섯 자 정도의 간단한 말로 상대방을 기분 좋게 할 수가 있습니다. 이것이 심리적 최면 언어의 마력입니다.

2

사람의 마음을 사로잡는 심리 대화의 효과

앞에서 설명한 심리적 최면 언어의 마력에 대해 이제 이해하셨을 것으로 생각합니다.

그렇다면, 이제부터 실생활에서 이것을 어떻게 사용해야 하는지에 대해 살펴보겠습니다. 모처럼 알게 된 심리적 최면 언어의 마력을 일상적인 대화에서 활용할 수 없다면 땅 속 깊이 묻혀 있는 보물과 다름없기 때문입니다.

'왠지 대하기 어려운 상사를 능숙하게 다룰 수 있는 방법' ,

'완고한 사람을 설득하는 방법' , '자신의 의견이 회의에서 수용될 수 있게 하는 방법' 등 지금 바로 직장이나 학교에서 당신에게 도움이 될 심리적인 최면 화술의 이모저모를 소개하기로 하겠습니다.

자, 즉시 실천할 수 있는 실천편을 향하여 출발합시다.

중단된 정보는 기억에 남는다

세이갈니크라는 심리학자는, '완결 직전에 중단된 정보는 중단되지 않은 정보보다 기억에 오래 남는다'고 주장했습니다.

이 말은 TV 연속극을 떠올리면 이해하기 쉽습니다. 연속극은 시청자가 계속 보아 주어야 하기 때문에 항상 클라이맥스 장면에서 '계속'이라는 자막을 내보냅니다. 그러면 시청자들은 다음에 어떤 내용이 나올지 궁금해 하면서 1주일을 기다리게 됩니다. 여기서 흥미로운 점은 클라이맥스 장면이 1주일 후, 드라마가 다시 할 때까지 사람들의 머리 속에 남아있다는 것입니다. 이는 중단된 정보인 만큼 그 끝을 더욱 알고 싶어하는 인간 심리를 잘 이용하고 있는 것이라고 할 수 있습니다.

이 효과가 바로 '연속극 효과'입니다. 이런 연속극 효과가 쓰인 구체적인 예를 보겠습니다.

"다나카 과장님, 영업 2과는 도대체 어떻게 된 것입니까?"

"그런 말 하지 말게. 우리 영업 1과는 우리만의 방침이 있지않나. 그렇게 화내지 말게."

"그렇지만 과장님, 2과가 지금 하는 방식은 완전히 영역 침범입니다. 이대로 보고만 계실 건가요?"

"지금은 일을 복잡하게 만들고 싶지 않네."

"그렇습니까? 과장님께서 그렇게 말씀하신다면 어쩔 수 없지요. 그렇지만 2과의 사이토 과장님께서 (다른 부서의 영역을 침범하지 않도록—편집자) 부하 관리에 신경을 좀더 쓰시면 좋을텐데……."

"무슨 일이 있었나?"

"아니요, 별다른 일은 아닙니다만……."

여운을 남기는 대사가 연속극 효과를 응용한 심리적 최면 대화입니다. 유난스럽지 않고 차분하면서도 조심스럽게 나지막한 소리를 내는 것이 상대방의 호응을 얻어낼 수 있는 요령입니다. 그리고 상대방이 개입할 수 있는 여지를 남기지 말고 재빠르게 말을 이어나가는 것이 좋습니다. 서투르게 '예고편'의 여운을 남겼다가는 상대방에게 당신의 속마음을 간파당하게 됩니다. 일이 뜻대로 진행된다면 상대방의 마음 속에는 당신의 말이 생선가시처럼 걸리게 됩니다.

'도대체 무슨 말을 하고 싶은 거지?'

결국 다음 날 상대방은 참지 못하고 당신의 의향을 떠보러 오게 되고, 당신이 쳐 놓은 낚시 그물에 걸리게 됩니다.

"어제 자네가 얘기한 사이토 과장의 부하 관리란 것이 무슨 뜻이지?"

"아, 그 얘기요? 실은 사이토 과장님 밑에 제 동기가 있거든요. 가끔 그 친구와 함께 술 마시러 가고는 하는데, 그 친구 술만 들어가면 투덜대더라구요. 상사의 나쁜 점을 다른 사람들에게 말하고 다니는 그 친구도 잘하는 건 아니라고 생각합니다만, 사이토 과장님은 좀……."

여기까지 말하면 내심 사이토 과장에 대해서 경계심을 가지고 있던 다나카 과장은 한숨 놓게 될 것입니다.

대답하기 쉬운 질문을 반복한다

"안녕하세요? 잠깐 댁의 서랍을 보여 줄 수 없을까요?"

전혀 안면이 없는 사람이 느닷없이 집에 방문을 하여 이런 부탁을 한다면 누구라도 깜짝 놀라고 당혹스러워 할 것입니다. 방문 판매의 새로운 수법인가? 서랍을 털겠다는 것인가? 온갖 생각이다 떠오르게 될 것입니다.

그런데 인간이란 신기하게도 조건만 약간 바뀌면 그런 '뻔뻔스러운(?) 부탁'을 아무 의심 없이 쉽게 받아들이게 됩니다.

미국의 사회심리학자 프리드먼과 프레이저는 다음과 같은 실험을 했습니다.

어느 도시의 주부에게, "귀 댁의 가정용품에 관한 정보를 제공받고 싶습니다. 죄송하지만 서랍장이나 신발장 등의 서랍을 들여다볼 수 있을까요?" 하고 부탁했습니다. 부탁받은 입장에서는 낯선 사람에게 장롱 서랍까지 보여 줘야 하는, 수락하기가 매우 곤란한 조사였습니다.

이때 프리드먼과 프레이저는 의뢰의 방법을 아래와 같이 3종류로 나누었습니다.

① 갑자기 방문하여 조사에 대한 협조를 부탁한다.

② 먼저 전화를 하여 조사에 대한 내용을 설명하고 그 후에 부탁한다.

③ 본래의 조사와는 다르게 정보 수집에 관한 설문 조사를 먼저 부탁하고, 며칠 뒤에 다시 방문해 서랍을 보여 달라고 부탁한다.

여기서 조사 승낙을 받은 사람의 비율을 살펴보면,

① 의 경우 22퍼센트
② 의 경우 28퍼센트
③ 의 경우 53퍼센트라는 결과가 나타났습니다.

즉 사전에 상대방이 받아들일 수 있는 정도의 부탁을 해서 승낙을 얻은 후 본래의 의도로 들어가는 방법으로, 이러한 방법을 사용하게 되면 어려운 부탁일지라도 승낙을 얻어낼 확률이 높아진다는 결론입니다.

이러한 커뮤니케이션 기법을 '발부터 들어가기(Fit In The Door Technique)'라 합니다.

세일즈맨이 판매를 위해서 가정을 방문했을 때, 일단 문이 열리면 발을 쑥 들여놓고는 두서 없는 화제로 조금씩 상대방의 마음을 열게 하는 방법이 있는데, 바로 이런 기법을 응용한 것이라고 할 수 있습니다.

아침 출근 시간에 지나가는 사람들을 붙들어서 인터뷰를 해야 하는 프로그램 제작 현장입니다.

"출근하시는 중인데 실례하겠습니다."

"……?"

"전기 면도기 회사인 B사에서 나온 사람입니다. B사에 대해 알고 계십니까?"
"네? 아, TV에서 CF를 본 적이 있어요."
"알고 계시군요, 정말 감사합니다."
"그야 알고 있지요. 근데 지금은 좀……."
"매일 이렇게 바쁘시지요?"
"저는 인터뷰를 하지 않겠습니다. TV에 나온다는 게 왠지 창피해서."
"그래도 정말 이 면도기는 말끔하게 깎여요. 오늘 아침에 면도하셨죠?"
"그야 물론 했지요. 수염이 좀 진한 편이라서 말이죠."
"어떠십니까? 시험 삼아서……. 출근 시간은 9시입니까? 아직 15분이나 남았군요."
"아니, 그게 저……, 회사는 바로 근처이기는 하지만……."
"마침 신호등도 빨간색이네요. 신호를 기다리시며 잠깐만 부탁합니다."
"네? 그럼 시험 삼아 한 번 해 보는 것뿐입니다."

별 내용 없는 대화가 오고가는 것 같지만, 상대방을 설득하기 위해 상대방이 '예'라고 말하기 쉬운 두서 없는 화제를 늘어놓고 있습니다. 이것이 심리적 최면 화술을 이용한 발부터 들어가기의 상투적인 방법입니다.

과도한 요구에서 타협으로 이끈다

두서 없는 질문으로 조금씩 상대의 '예'라는 대답을 이끌어 내는 '발부터 들어가기'와는 전혀 반대의 방법이 '머리부터 들어가기(Door In The Face Technique)'입니다. 이것은 상대방이 받아들일 수 없을 것 같은 요구를 갑작스럽게 부탁하여 결국 내가 원하는 방향의 타협안을 이끌어 내는 방법입니다.

어떤 여행 대리점에서의 젊은 남자 사원과 여사원의 대화를 한 번 볼까요.

"이거 정말 미안한데, 이 서류 정리 내일 10시까지 해 줄 수 있을까요?"

"네? 농담이시죠?"

"좀 부탁할게요."

"저도 바쁘다고요. 혹시 2시까지라면 할 수 있을지도 모르지만요."

"2시라고요? 음……, 좋아요, 부탁해요. 정말 고맙네요."

흔히 볼 수 있는 요즘 젊은 직장인들의 가벼운 대화입니다. 하지만 이 가벼운 대화 속에 머리부터 들어가기의 모든 것이 응축되어 있습니다.

아마도 그는 원래부터 10시까지 부탁할 생각은 없었을 겁니다. 설사 10시까지라고 못박아 둔다 해도 무슨 사정이 있다면 시간을 연장시킬 여지는 충분히 있었을 겁니다. 그는 처음부터 10시까지는 일을 해내는 것이 도저히 무리라는 것을 알고 있었지만 갑작스럽게 이런 부탁을 한다면 부탁을 받는 쪽은 그 일을 해내기 위한 여러 가지 조건, 즉 잔업이나 추가 비용 부담 등 세부적인 사항에 대한 생각을 미처 하지 못하기 때문에 무리인 줄 알면서도 '내일 10시까지'라고 요구한 것입니다.

이것으로 '머리부터 들어가기'라는 심리적 최면 화술이 성립하게 되었습니다.

이것은 처음부터 상대방에게 무리라는 것을 알면서도 과도한 요구를 제시하여 타협안을 이끌어 내는 방법입니다. 특히나 여사원으로 하여금 스스로 '2시까지'라는 타협안을 제시하게 만들고도 한순간 '2시?'라고 말하면서 틈을 두고 고민하고 있는 듯한 행동을 보인 뒤 흔쾌히 승낙을 하는 것은, 직장 내의 '정치'라는 측면에서 본다면 상당한 경륜(?)을 요하는 고도의 기법이라고 할 수 있겠습니다. 이 또한 머리부터 들어가기 화법을 이용할 때 잊어서는 안 될 요소로, 상대방으로부터 타협안을 제시 받은 후 지나치게 만족스러운 모습을 보이면 상대방도 '처음부터 의도적'

이었음을 알아채고 화를 내게 되므로 주의하여야 합니다.

흥을 북돋워 분위기를 이끌어 낸다

여기는 회사의 1년 결산을 승인받는 주주총회 회의장입니다.

"이 안을 승인하는 데 있어 이의 없습니까?"

의장의 커다란 목소리가 회의장에 울려 퍼지면 그때까지 조용하던 주주석 여기저기에서 마치 서로 합의가 있었던 것처럼,

'이의 없습니다!'하는 찬성의 목소리가 들려옵니다.

"그럼, 이의가 없는 것으로 간주하고 본 안건이 가결되었음을 선포합니다."

담담한 의장의 목소리가 박수 소리에 파묻히고 의장이 '탕탕탕' 의사봉을 두들기면서 회의는 끝이 납니다.

최근 들어 주주총회의 중요성을 깨닫고 많은 시간을 투자하는 회사도 늘어나고 있지만, 아직도 주주총회의 의사 진행이라고 하면 의사봉을 두들기는 것이 전부인 경우도 많습니다. 아무래도 회사의 입장에서는 미주알고주알 자세히 논의하는 회의보다는

짧고 간단하게 끝나는 회의를 좋아할 수밖에 없습니다. 이처럼 주주총회는 '이의 없습니다, 이의 없어요'하는 말만이 울려퍼지는, 결과가 예정된 경기라고 할 수 있습니다.
이와 같이 별 무리 없이 차례차례 의안을 처리해 갈 수 있도록 '다수 찬성' 의 분위기를 만드는 중요한 임무를 담당하고 있는 것이 바로 '이의 없습니다'하는 말입니다.

회의장의 분위기를 일시에 고조시키는 것을 심리학적으로는 '밴드 웨건(Band Wagon) 효과'라고 합니다. 밴드 웨건이란 퍼레이드 등에서 흔히 볼 수 있는 악대차를 말합니다. 쿵짝쿵짝 흥겨운 소리로 축제 분위기를 북돋워 관객들의 마음을 한껏 설레이게 하면서 분위기 조성을 하는 악대차와 같은 효과를 바로 밴드 웨건 효과라고 합니다.

인간은 분위기에 좌우되기 쉬운 존재입니다. 파스칼은 이를 가리켜 '인간은 생각하는 갈대'라고 했습니다. 여기서 생각하는 갈대란 강의 흐름에 몸을 맡기는 연약한 존재라는 뜻으로, 때로는 그 연약함이 경쟁 사회에서 어려움을 헤쳐나가기 위한 수단으로 유용한 경우도 있습니다. 그래서 우리는 이 연약함을 적극적으로 활용해야 합니다.

자신의 의견이 받아들여지기를 원한다면 막상 자신이 회의 등에서 발언했을 때 찬성의 분위기를 만들기 위한 사전 협상을 하지 않으면 안 됩니다. 찬성 의견이 연달아서 나오게 되면 그때까지 형세를 관망하기로 마음먹고 있던 '생각하는 갈대들'도 '대세(大勢)'라는 강의 흐름에 몸을 맡기게 됩니다.

이상한 점은 그런 우유부단한 타입도 한번 대세에 따르게 되면 '나도 처음부터 그 의견에 찬성이었다'고 스스로에게 다짐한다는 점입니다. 이것을 심리학에서는 '합리화의 심리'라고 합니다. 합리화의 심리는 이 밖에도 최면 화술 기법으로 얼마든지 응용할 수 있습니다.

처음부터 단도직입적으로 말한다

E는 중소기업들을 상대로 경영 컨설팅을 해 주는 사람입니다. E가 경영 컨설팅 업무에 착수하면서 가장 중요하게 여기는 일중 하나는 의뢰 회사의 현황을 파악하는 일입니다. 그런데 대부분의 회사는 그런 것쯤은 알아서 해야 하는 것 아니냐며 많은 도움을 주지 않으려고 합니다.

그래서 그는 본격적으로 일을 시작하기 전에 먼저 의뢰 회사를 견학하는데, 대부분의 회사 경영주는 그가 회사를 한바퀴 둘러보고 오면 이렇게 묻는다고 합니다. "우리 회사의 현 상황은 어떻습니까?" 그러면 그는 이렇게 되묻습니다. " 10년후에는 회사를 도대체 어떻게 하실 작정입니까?"

그의 이런 대답에 대부분의 경영자들은 깜짝 놀라 얼굴색이 변한다고 합니다. E의 대답을, 이대로 가다가는 회사가 10년 후 까지 존속하지 못한다는 의미로 받아들였기 때문입니다. 그러면 E는 상대방의 당황하는 모습과 침묵을 적당히 지켜보다가, "앞으로의 경영 계획 문제, 인사 시스템이나 급여 시스템 문제, 그리고 사원들의 사기 문제 등 해결해야 할 문제가 많이 있으니까 현 상황을 자세하게 보고서로 작성해 주셨으면 합니다." 하고 말하면 중소기업의 경영자들은 긴장된 어조로, " 네, 반드시 제출하겠습니다. 잘 부탁드립니다." 하고 대답한다고 합니다.

이로써 경영 컨설턴트인 E는 불필요한 말을 하지 않고도 원하는 바를 이룰 수 있게 된 것입니다.

위의 컨설턴트는 '10년 후에는 위험하다'는 말로 상대방이 염려할 것 같은, 그리고 뭔가 암시하는 듯한 내용을 넌지시 건넵니다. 실제로 10년 후에나 일어날 수 있는 문제에 관해 세세한 경영 전략 따위를 가지고 있을 사람은 없습니다.

그러나 중소기업 사장으로서는 자신이 지금까지 키워 온 회사가 후대에까지 제대로 이어질 수 없을지도 모른다는 점에 덜컥 불안해집니다. 이러한 심리를 컨설턴트의 말이 정확하게 지적하고 있는 것입니다.

사실 컨설턴트가 내놓은 의견은 이것뿐이고 이후의 구체적인 내용에 관해서는 한마디도 언급하지 않았습니다. 보통 사람들도 할 수 있는 컨설팅 내용을 나열했을 뿐 구체적인 문제점이 무엇인지에 대해서는 한마디도 하지 않은 것입니다.

그런데 경영자 측에서는 '우리 회사가 문제가 많은 것인가? 좀 더 미래 지향적인 경영 전략이 필요한가? 인사 제도도 획기적으로 바꿔나가지 않으면 안 되겠구나. 사원들의 사기가 떨어지고 있는 이유가 역시 급여 문제 때문이었구나' 등 컨설턴트가 지적할 것 같은 내용을 미리 앞질러서 생각하게 되는 것입니다.

'상대가 가장 걱정하고 있는 것을 처음에 단도직입적으로 꺼낸다.'

이 점을 기억해 두었다가 적절한 시기에 사용한다면, 그 뒤에 무슨 말을 해도 상대방은 이쪽의 사정에 맞춰서 해석하게 됩니다. 앞에서 말한 '차갑다', '따뜻하다'는 말이 다른 표현에 영향을 끼친다는 것과 같은 이치입니다.

사람은 처음에 영향력 있는 정보를 접하게 되면 그 인상이 나중에 받아들이는 정보에도 영향력을 끼치게 됩니다. 이것을 '머리말 효과'라고 합니다.

가장 말하고 싶은 것은 마지막에 꺼낸다

자기가 말하고 싶은 것을 처음에 꺼내는 경우와 마지막에 꺼내는 경우, 어느 쪽이 더 효과가 높을까요? 물론 이것은 경우에 따라 다르기 때문에 어느 쪽이 효과가 높다고 확실하게 말할 수는 없습니다. 그러나 굳이 말하자면 머리말 효과가 효과적인 경우는 자신이 비교적 우위에 서 있을 때입니다. 다른 말로 하자면 처음부터 상대방에게 충격을 주어야 할 때 사용하는 것이 좋습니다. 당연히 가장 말하고 싶은 것을 미리 머릿속에 정리해 놓지 않으면 안 됩니다.

"결론부터 말하자면……."

"처음에 말씀 올리자면……."

머리말 효과를 노릴 때 말의 시작은 이렇게 시작됩니다.

한편, 이것과 반대의 입장이라면,

"이상과 같은 점에서 생각하건대……."

"이상에서 아시는 것처럼, 즉……."

이와 같이 마지막에서야 말하고 싶은 것을 강조하는 '맺음말 효과'를 사용하는 것이 효과적입니다.

특히나 맺음말 효과가 가장 효과적일 때는 자신이 비교적 불리한 입장에서 의견을 말해야 하는 경우와, 특별히 자신이 하고싶은 말이 없지만 자신에 대한 강렬한 인상만은 남겨두고 싶을때 사용하는 것이 좋습니다.

지루한 회의 시간입니다. 오가는 얘기는 졸음이 쏟아지는 이야기뿐이고 자신은 특별히 발언할 내용도 없습니다. 그러나 아무거나 한마디라도 하지 않는다면 상사에게 소극적인 사람으로 낙인찍히게 될지도 모릅니다.

이럴 경우 맨 마지막에 발언하는 것이 가장 좋습니다.

"F 계장님께서 ……라고 하셨는데 참 좋은 의견이라고 생각합니다. 그러나 다른 한편으로는 G 과장님께서 말씀하신 의견도 참으로 날카로운 지적이라고 생각합니다. 이 점 또한 현장에 있는 저희들이 깊이 새겨들어야 할 말씀이라고 여겨집니다. 저 나름대로 많은 생각을 해 보았습니다만, 지금 우리 회사의 상황을 고려한다면 G 과장님께서 말씀하신 방향으로 일을 추진해 가야 한다고 생각합니다."

결국 앞서 말한 발언자들의 의견을 되풀이한 것일 뿐, 자신의 의견은 아무것도 없습니다. 그러나 '저 나름대로 생각해 보았습니다만'이라는 맺음말로 자기 존재를 각인시킵니다. 그 후에는 대세를 판단해 다수 측 의견에 동조하면 됩니다.

이런 방법은 약간 교활해 보이기는 하지만, 자신에게 특별한 의견이 없을 경우에는 그때까지의 의견을 정리하는 것만으로도 꽤 좋은 효과를 가져 올 수 있습니다.

발언의 순서를 마지막으로 잡고, 말하고 싶은 것을 가장 마지막에 표현합니다. 이렇게 되면 듣는 측에 있어서는 시간적으로 당신이 말한 내용이 가장 '새로운 정보'가 되어 강한 인상을 줄 수 있습니다.

권위를 배경으로 영향을 준다

오래 전에 개봉한 영화 중에 〈엑소시스트〉라는 영화가 있었습니다. 영화 내용 중에 악마가 나오는 장면을 기억하고 계십니까? 강한 빛을 배경으로 정체를 알 수 없는 그 무엇의 그림자가 비추는, 상당히 충격적인 장면이었습니다.

뒤에서 빛을 조작하여 그림자를 비추게 하는 방법은 영화나 사진에서도 자주 사용되는데 상징적인 인상을 주어 공포심을 불러일으키기도 합니다. 그림자가 사람의 형체라면 왠지 모르게 그 사람이 수수께끼에 둘러싸인 것처럼 위대하게 보이기도 하는데, 부

처님 상 뒤에 있는 후광이 바로 이런 의미라고 할 수 있습니다.

이런 효과를 커뮤니케이션에서도 이용하는데, 이것을 '후광 효과'또는, 광배(光背) 효과, Halo Effect라고도 합니다.

실제로 대화에서 후광 효과를 이용하는 경우는 매우 많습니다. 알아차리지 못할 뿐, 당신도 평소에 자주 사용하고 있습니다.

'사장님이 말씀하신 것처럼…….'
'평론가가 이런 말을 했는데…….'
'일류대 출신인 그의 말이니까…….'

다시 말해 권위적인 것을 배경으로 상대방에게 영향력을 주는 방법으로, 이 모두가 후광 효과를 이용한 심리적인 최면 대화법이라고 할 수 있습니다.

어렸을 때 자주 사용하던, '이거 우리 아빠가 주셨다' , '우리 친척집에 가면 이런 것 있어'하며 주변의 일들을 자랑스럽게 떠벌리는 말들이 바로 인생에서 가장 최초로 쓰기 시작한 후광 효과일 것입니다.

이처럼 누구나 쉽게 사용할 수 있는 후광 효과를 나타내는 말에서 가장 중요한 요소는 상대방에게 거부감을 주지 않고 어떻게 하면 효과를 상승시킬 수 있는지에 대한 것입니다. 자칫 서투르게 사용하다 보면, '너란 녀석은 어떻게 자기 의견이 하나도 없는 녀석이냐?'하는 핀잔을 들을 수도 있기 때문입니다.

'호랑이의 권위'를 빌리기 위해서는 우선 겸손해야 합니다.

'이것은 ○○가 말한 것인데……'하는 표현법은 처음부터 권위를 풍기는 듯한 화법이므로 그리 현명하지 못합니다.

'그건 이런 경우겠지요'등의 말로 우선 직접 지적한 후에, '아니, 이것은 ○○ 선생의 말을 인용한 것뿐입니다'하는 말을 자연스럽게 덧붙여서 상대가 조금도 거부감을 느끼지 않도록 해야 합니다.

"사장님께서도 말씀하신 바와 같이 이번 개혁안은……."

이런 화법은 사장이 그 장소에 함께 있다면 주위로부터 '음, 그래'하는 긍정적인 반응을 얻을 수도 있을 겁니다. 그러나 사장이 그 장소에 없다면 고압적인 인상을 줄 수밖에 없습니다. 물론 이런 화법도 나름대로의 효과는 있겠지만, 이렇게 직접적으로 '호랑이의 권위'를 빌리는 것보다는, '이번 개혁안은……라고 생각합니다. 사장님의 의향도 이와 거의 비슷하지 않을까 하는 생각이 듭니다'등으로 바꿔서 표현함으로써 아까와는 완전히 다른 인상을 줄 수 있습니다.

다시 한번 강조하건대 권위를 내세우는 최면 화법을 사용할때는 권위는 가장 마지막에 내세워야 합니다. 잊지 마시길 바랍니다.

반대 의견은 미리 막는다

회의에서 자신의 의견이 받아들여지기를 바랄 경우에는, 1대 1로 협상을 해야 하는 경우 이상으로 전략을 가다듬어야 합니다. '사전협상'도 그 중 하나라고 할 수 있습니다.

예상되는 반대자는 누구인가? 경쟁자는 어떤 공격 방법을 취할까? 거기에 대항할, 내 의견에 찬성해 줄 사람은 누구일까? 이렇게 여러 가지 사항을 면밀하게 검토한 후 그 중 한 사람과 사전에 협의를 해 둘 필요가 있습니다. 그러나 세상일이라는 것이 그리 쉽고 간단하게, 운 좋은 방향으로만 진행되지는 않습니다.

회의에서 당신이 발언한 직후에 경쟁자가 손을 듭니다.

"앞의 의견은 약간 틀렸다고 생각합니다. 제 생각에는 이 프로젝트의 진행 방법에 대해서는 ……."

찬반이 팽팽한 회의에서는 하나의 의견 뒤에는 반대 의견이 나올 확률이 많습니다.

오랫동안 소집단 속에서의 인간 행동과 심리에 관해 연구해 온

스팅저라는 심리학자는, 특히 회의에서 나타나는 인간 심리에 대해서, "어떤 의견이 나오면 그 다음에는 반대 의견이 나오기 쉽다." 고 주장하고 있습니다. 이것을 '스팅저 효과'라고 합니다.

회의 장소 이야기로 되돌아가 봅시다.

스팅저 효과를 고려한다면 같은 내용의 발언을 하더라도 당신의 의견이 받아들여지기가 좀더 쉬워질 수 있도록 약간의 궁리를 하도록 합시다.

"……라고 저는 생각합니다만, 역시 이 계획의 효율적 측면에 대해서는 담당자이신 사이토 씨의 의견을 꼭 듣고 싶습니다. 어떻습니까? 사이토 씨."

물론 사이토 씨에게는 미리 사전에 어느 정도 의견 교환을 해놓아야 하겠지요. 만일 그렇지 못했더라도 그곳의 분위기로 보아 내 편을 들어 줄 것이라고 생각되는 인물에게 말을 붙이면 됩니다. 다시 말하자면 내가 의견을 낸 직후에 반대 의견이 나올것을 처음부터 봉쇄하는 방법입니다. 자기 의견을 관철시키려면 이 정도의 지혜는 있어야 하지 않을까요?

이 밖에 스팅저가 주장하는 '회의에서의 인간 행동'에는 몇가지 특징이 있습니다.

♣ 경쟁자가 같은 회의에 참가할 경우에는 당신의 정면에 앉는 경향이 있다.

♣ 회의 진행자의 리더십이 약하면 테이블을 사이에 두고 정면에 앉은 사람끼리 이야기하는 경향이 있다.

♣ 회의 진행자의 리더십이 너무 강하면 옆에 앉은 사람끼리 이야기하는 경향이 있다.

위의 사항을 참고하여 회의가 시작되기 전에 당신의 의견에 반대하는 사람을 파악하였다면 그 사람보다 나중에 회의장에 들어가는 편이 좋습니다. 당신이 먼저 들어가면 경쟁자는 당신의 정면에 앉을 가능성이 크므로, 정면에 앉게 하여 적대적인 위치 관계를 만들기보다 나중에 들어온 당신이 비스듬한 자리에 앉거나, 같은 쪽에 앉아 상대방을 자극하지 않는 것입니다.

그리고 테이블을 사이에 두고 서로 마주보는 사람들끼리 농담 따위로 회의가 시작된다면, 회의 진행자에게는 전체 의견을 종합할 힘이 없는 것으로 보고 회의 진행자에게 꽤 강한 어조로 자신의 의견을 펼쳐 나가는 겁니다. 다가올 회의 때 한번 시도해 보시지 않겠습니까?

2

사람의 마음을 사로잡는 심리 대화 법칙

3

사람의 마음을 조절할 수 있는 심리 대화의 포인트

심리적인 최면 대화를 완전하게 습득하기 위해서는 발상전환이 중요합니다. 그렇지만 달리는 차가 갑자기 멈출 수 없는 것처럼 갑자기 발상을 전환시키는 것은 무리입니다. 우선 가까운 생활 속에서 몇 가지의 실례를 통해 두뇌의 유연 체조부터 시작해 보십시오. 그렇게 한다면 이 장이 끝나갈 즈음에는 당신의 두뇌도 꽤 부드러워질 겁니다. 그 뒤에는 일상 생활 속에서 심리적인 최면 대화법을 적절하게 응용하기만 하면 됩니다.

그 끝이 알고 싶어지는 의외성 암시

유명한 소설의 첫 줄을 잠깐 살펴보겠습니다.

♣ '나는 그 사람을 항상 선생님이라고 부르고 있었다.'
(나쓰메소세키, 『마음(こころ)』)

♣ '나는 오랫동안 내가 태어났을 때의 광경을 본 적이 있다고 우겨대고 있었다.' (미시마 유키오, 『가면의 고백(假面の告白)』)

♣ '오늘 마망이 죽었다.' (카뮈, 『이방인』)

어떻습니까? 대단하다는 느낌이 들지 않으십니까? 처음 1행, 아니 1행 속의 첫 구절을 읽었을 뿐인데도 소설의 세계로 단숨에 끌려들어 가는 느낌입니다.

이처럼 혼신의 힘을 쏟아 넣은 '최초의 말'로 상대방에게 심리적인 최면 효과를 심고자 하는 것이 '의외성 암시'기법입니다.

처음에 앗! 소리가 나올 만한 의외의 말을 던져 상대의 마음을 단단히 움켜잡아야 합니다. 말에 의외성이 강하면 강할수록 상대방을 쉽게 끌어들일 수 있습니다.

자, 당신은 지금 가전제품을 판매하고 있는 사원입니다.

당 신 "하루 5,000원이면 살 수 있는 카세트입니다. 5,000원입니다, 5,000원. 손님, 5,000원입니다!"

손 님 "5,000원이라고요? 설마!"

당 신 "믿어지지 않으시죠? 자, 손님의 명석하신 머리로 계산해 보세요. 매일 5,000원씩 용돈을 저금한다면 한 달 후에는 얼마죠? 한 달이 30일이니까……."

손 님 "15만 원?"

당 신 "네, 놀랍죠? 한 달이면 15만 원을 모아 이 카세트를 살 수 있다는 말입니다."

Point

이런 말은 자칫 심각하게 말한다면 거짓말처럼 들릴 수도 있습니다. 그러나 여기에 '유머' 라는 옷을 입혀 재치 있게 표현한 점이 특징입니다. 유머와 가벼운 대사로 의외성의 효과를 줄 수 있다면. 그 후의 변명이나 실수는 웃어넘길 수가 있습니다.

연대 의식을 자극하여 내 편으로 만드는 동조 암시

며칠 전까지만 해도 개성적이고 세련된 옷차림으로 치장하고 다니던 학생들이 취직을 하면 대부분 진한 색의 비즈니스 차림으로 깔끔하게 차려입습니다. 그 변신의 속도에는 정말이지 혀를 내두를 정도입니다. 그런데 왜 그들은 모두 비슷한 옷차림을 하고 다닐까요?

사람에게는 자리에 따라 알맞은 차림새를 해야 한다는 '사회적인 동의'가 있습니다. 학교에서는 교복, 작업장에서는 작업복, 의사에게는 흰색 가운 등이 바로 그것입니다. 특히 직장인에게는 '무난한 진한 색 양복'이라는 사회적인 동의가 있기 때문에 대부분의 사람들은 이 동의에 따르는 것입니다.

인간은 그때그때의 상황에 맞는 모습과 행동을 취하려고 합니다. 자기 혼자만 특이한 존재가 되고 싶어하지 않습니다. 때로는 자신이 맞추기에는 무리라는 것을 알면서도 주위에 맞추고자 합니다. 다시 말해 동지(동료)가 필요한 것입니다. 그런 욕구를 심리학적으로는 '동조성의 원리'라고 합니다.

이러한 동조성의 원리를 심리적인 최면 대화에서 사용할 수 있습니다. 예를 들자면, 업무적인 일로 동료의 협력을 청하고 싶지만 직접 부탁할 수 있을 정도로 친한 사이가 아니라면, 동조성의 원리를 이용하여 심리적 최면 화술의 위력을 시험해 볼 수 있습니다. 동료가 상사에게 야단을 맞아 약간 풀이 죽어 있을 때가 적당하겠지요. 퇴근길의 술집이라면 더욱 좋습니다.

당 신 "그러고 보니 며칠 전에 과장님이 뭐라 하셨지? 무슨 말을 하셨어?"(이야기의 내용을 알고 있더라도 짐짓 시치미를 떼고 묻는다.)

동 료 "아, 그거? 별로 걱정하지 않네. 일일이 그런 일에 신경을 곤두세운다면 나만 손해지 뭐."

당 신 "하긴 맞아. 우리야 어차피 월급쟁이지 않나."

동 료 "그렇지 뭐."

당 신 "그런데 과장님 말투가 말이야, 항상 느끼고 있지만 ……. 좀 어떻게 할 수 없을까?"

동 료 "뭐, 성격이니까."

당 신 "상사가 아니었다면 좋은 사람이었을 텐데." (웃음)

동 료 "자네도 그렇게 생각하나?" (웃음)

당 신 "과장님도 어차피 월급쟁이인데 뭐. 과장님은 과장님, 우리는 우리, 그렇지 않나? 이번에 말이야 과장님 콧대를 한번 눌러 보려고 해. 왜 지금 내가 하고 있는 기획안 있잖나. 그 기획안으로 과장님을 아무 소리 못하게 해야겠다고 생각하고 있어."

동 료 "좋아, 열심히 해 보게나."

당 신 "그런데 말이야, 그게 꽤 어렵더군. 이전에 자네가 맡았던 보고서가 있잖은가. 거기까지 접근할 수 있다면 좋겠는데 말이야. 그때 그 정보를 자네는 용케도 입수했더군."

동 료 "아, 그거? 그게 실은 말이야 ……."

Point

상대방이 당신에게 동조하게 하기 위해서는 우선 당신이 동조의 신호를 먼저 보내야 합니다. 억지로 친절을 베푸는 듯한 태도는 동조가 아닌 동정이 되어 버려 상대방은 '동정은 사양'이라는 심정으로 마음의 문을 닫을 수도 있습니다. 별일 아니란 듯이 '자네 기분은 알고 있다'는 마음을 보여 주는 것이 중요합니다.
상대방에게 연대 의식을 심기 위해서는 무엇보다 '공통의 적'을 만드는 것이 좋습니다. 위의 경우에서는 과장에게 그 역할을 부여하고 있습니다. 그리고 '우리들'이라는 말을 많이 사용하여 과장에 대한 대항 의식을 부추깁니다. 동료와의 연대 의식이 높아졌을 때 아무렇지 않은 듯이 조용하게 당신의 목적을 끄집어 낸다면 이 심리 대화법은 성공입니다.

손득 감정에 호소하는 대비 암시

사람은 나이가 들면서 세상일이라는 것이 그렇게 아름답지만은 않다는 것을 알게 됩니다. 그래서 우리는 살아가는 과정에서 많은 선택을 해야 하고 무엇이 나에게 더 이로울 것인가를 끊임없이 계산하게 됩니다. A 대학과 B 대학 중 어느 대학에 들어가야 취업에 유리할까, C 부장과 D 부장 중 누구와 친하게 지내야 출세에 도움이 될까 하는 식으로 계속 계산기를 두드리고 있습니다. 이것이 인간의 본성입니다. 이렇게 자기에게 유리한 일들을 선택하려고 하는 인간의 감정에서 '대비 암시'라는 심리적 최면 대화 기법이 적용될 수 있습니다.

당신은 지금 실수를 저지른 부하직원을 타이르는 상사입니다.

당　　신 "도대체 자네 무슨 생각하고 있는 거야."
부하직원 "죄송합니다."
당　　신 "이런 실수나 저지르고 말이야, 어떻게 할 거야? 자네, 무슨 걱정거리라도 있나?"(특별히 고민거리가 있어 보이지 않지만, 부하가 염려스럽다는 듯이.)
부하직원 "아뇨, 특별히 고민거리가 있지는 않습니다."
당　　신 "그런데 평소의 자네답지가 않아."(이 말은 원래 이런 실수를 저지를 만한 사람이 아니라는 의미로 부하를 높게 평가하고 있는 마음을 보여 준다.)
부하직원 "정말 죄송합니다."(언뜻 보기에 대단히 미안하게 생각하기는 하지만, 한편으로는 빨리 설교가 끝나기를 바라고 있다. 여기부터가 중요하다.)
당　　신 "좋아, 생각 좀 해 보게. 나라고 화내는 게 좋아서 이러겠나? 만약 자네가 이대로 나이를 먹어간다면 어떻게 될까, 그게 걱정될 뿐이네. 월급쟁이니 당연히 능력 평가를 받아야 할 텐데 계속 이런 식으로 한다면 어디 좋은 결과가 나오겠나?"

부하직원 "……."

당 신 "이런 바보 같은 실수를 반복한다는 것은 자네의 능력을 펼쳐가기 위해서도 전혀 도움이 안 되는 일이야, 알겠나? 이런 일로 가장 손해를 보는 사람은 바로 자네란 말일세. 자, 내 말을 명심하고, 다시 한번 분발하길 바라네."

Point

여기서 손득 감정은 이해득실을 위한 계산과는 약간 다르다는 점을 기억해 두시기 바랍니다. 이해득실 계산이란 단순한 숫자 계산, 즉 머리로만 하는 수학적인 작업으로 이 일이 나에게 구체적으로 어떤 이익을 줄 수 있을까를 계산하는 것입니다. 그러나 손득 감정이란 이해득실을 계산하는 두뇌의 작용 이외에 마음의 작용으로 인정에 호소하는 계산법입니다. '대비 암시'의 심리적인 최면 효과를 좀더 높이기 위해서는 인정에 호소하는 것이 중요합니다.

추켜세워 주는 칭찬 암시

내가 하는 말에 공감을 해 주고 장단을 맞춰 주면 누구나 기뻐합니다. 그러나 노골적으로 장단을 맞춰 주면 그 사람의 품성을 의 의심받게 될 수도 있습니다.

심리학자인 게이츠는, 모든 인간에게는 '사회적 승인'의 욕구가 있다고 말했습니다. 사회적 승인의 욕구란 주위 사람들에게 인정받고 싶어하는 욕구로, 이러한 욕구를 이용하면 상대방을 당신이 원하는 결과로 이끌 수 있습니다. 다만 그 인정 방법이 너무 일방적이거나 상식적인 판단 기준에서 벗어난다면 격이 떨어진 아부가 되어 버립니다. 바로 이 점이 '칭찬 암시'를 사용할때의 어려운 점이라고 하겠습니다.

당신은 지금 중요한 거래처의 부장을 방문했습니다. 하지만 이 거래처와는 지난번에 좋지 않은 일이 일어나서 지금은 껄끄러운 관계입니다. 때문에 오늘의 방문 목적은 관계 회복이라고 할 수 있습니다.

당 신 "항상 느끼고 있습니다만, 이 회사 접수 안내원의 인상이 참 좋더군요. 손님을 응대하는 예절도 바르고요."

부 장 "그래요? 젊은 여성이니까, 그렇게 보이는 거 아니겠어요." (이렇게 말하면서도 싫지는 않은 눈치다.)

당 신 "아뇨, 정말입니다. 우리 회사에도 저런 안내원이 있었으면 하는 바람이 생겨요.(웃음) 역시 상사가 뭔가 다르니까 밑에서 일하는 사람들도 뭔가 다른 것 같군요. 평소 에토 씨(부장의 부하)와 만나서 이야기를 나눌 때에도 느낀 점입니다. 물론 본인의 능력도 대단하지만 역시 훌륭한 상사의 지도가 없이는 도저히…….”

부 장 “사람 참, 오늘은 낯간지러운 말만 하는군요.”(웃음)

당 신 “빈말이 아닙니다, 부장님. 아첨하는 말로 들으셨습니까? 사실 에토 씨나 다른 사람을 만나다 보면 부장님의 철저하신 직업관에 대해 듣기도 하거든요. 그럴 때마다 부장님과 일할 수 있다는 것이 부럽던데요.”

부 장 “참, 사람하고는.(웃음) 그보다 빨리 일 얘기나 해 보세요.”

당 신 “아, 실례했습니다. 그럼 일 얘기를 하겠습니다. 전에 부장님께서 말씀하신 건에 대한 것입니다. 저희 부장님과도 협의가 있었는데, 지적 사항에 대해 지당하다는 말씀이었습니다. 저희 회사 차원에서 반드시 적극적인 검토를 거칠 것이라고 하셨습니다.”

부 장 “그래요. 우리 회사와는 앞으로도 좋은 관계가 유지될 것으로 믿고, 아무튼 잘 부탁합니다.”

Point

위의 대화는 간단하기는 하지만, 요점만은 분명하게 내포되어 있으므로 주목하시기를 바랍니다. 이 대화에서 쓰인 ‘접수 안내원’, ‘부장의부하’,‘ 저희부장님’이라는 단어는 모두 결과적으로 눈앞의 부장을 추켜세워 주기 위한 요소입니다. 직접적으로 칭찬을 하면 마치 아부처럼 보일 수도 있으므로 중간에 한 단계를 두어 간접적으로 상대방에게 찬사를 보내는 겁니다. 다른 사람의 입을 빌어 칭찬의 말을 하는 것이야말로 세련되게 칭찬하는 방법입니다. 자신의 속셈은 감추고 말입니다. 이렇게 하면 단순한 칭찬의 말이 좀더 객관적인 사회적 승인을 얻은 말이 될 수 있습니다.
심하게 다툰 연인이나 친구와 화해를 하고 싶을 때 이 칭찬 암시가 효과를 발휘할 수 있습니다. 칭찬을 받는다면 상대방도 틀림없이 빙그레 웃음을 지을 겁니다.

기대를 걸어 힘을 끌어내는 기대 암시

사람은 누구나 자신을 믿어 주고 기대를 걸어 주는 사람이 있다면 더욱 분발하게 됩니다. 이런 심리를 이용해 그 사람을 내편으로 만드는 심리 화술법이 있습니다.

당신과 함께 동아리 활동을 하고 있는 후배가 슬럼프에 빠져 자신감을 잃어가고 있습니다. 선배인 당신은 후배가 슬럼프에서 탈출할 수 있도록 뭔가 도움이 되고 싶습니다.

당 신 "야, 적당히 해라. 응석부리는 거냐?"(우선은 갑자기 자극을 준다.)

후 배 "응석부리는 거 아닙니다."(상대는 약간 반발한다.)

당 신 "그럼 뭐야? 모두가 너를 어떻게 보고 있는지 알고 있기나 하냐?"

후 배 "한심한 녀석이라고 생각하겠죠."

당 신 "무슨 소리냐, 모두 너를 믿고 있어. 우리의 마음을 모르겠냐?"

후 배 "믿고 있다니요. 날 위로해 줄 생각이라면 그만두세요."

당 신 "널 위로하려고 이렇게 큰 소리를 내겠냐? 분명하게 말하지만, 지금 우리들에게 있어서는 너밖에 없어, 너뿐이야."

후 배 "농담이라도 그렇게까지 말해 주시니 기쁘네요."

당 신 "너도 일단 분발하기 시작하면 누구보다도 잘해 나갈 수 있잖아. 언제까지 우물쭈물하고 있을 거야! (어깨를 툭 치며) 언제 또 함께 한잔하러 가야지. 내가 멋진 여자를 소개시켜 줄게."

후 배 "선배님."

Point

'믿고 있다', '너뿐이다', '너밖에 없다'는 상대방에게 거는 기대가 크다는 것을 강조합니다. 그리고 좀 안 좋은 표현이기는 하지만,

'멋진 여자'라는 미끼도 던질 수 있습니다. 여기서 멋진 여자는 심리학적으로 보수에 해당됩니다. 인간은 한번 보수를 받게 되면 다음에는 좀더 큰 보수를 바라게 되고, 그것을 내 것으로 만들기 위해 최선을 다하게 됩니다. 이런 인간의 본성을 이용한 심리 화술의 방법은 이 밖에도 많습니다.

불안하게 만들어 결단을 재촉하는 위협 암시

우리가 일상 생활에서 자주 사용하고 있는 이 방법은 단순하게 위협을 가하라는 뜻은 아닙니다. 만일 그렇다면 폭력배들과 다를 바 없는 행위겠지요. 오히려 심리학적으로 강한 위협을 가하는 것보다는 약한 위협을 가하는 것이 상대방을 설득하는 데 더 효율적이라는 실험 결과도 있습니다.

그렇다면 약한 위협이라는 것이 도대체 어느 정도의 위협을 가리키는 것일까요? 이것이 가장 어려운 점입니다.

F는 경리과에서 근무하는 여사원으로 경비 정산을 제때 해 주지 않는 G에게 항의를 하고 있습니다. 그러나 그는 좀 고압적인 성격을 가지고 있어서 말하기가 쉽지 않습니다.

F “G 씨, 저번 출장의 경비 정산 기한이 벌써 지났네요.”(날카로운 느낌이 들지 않도록 부드러운 목소리로.)

G “알고 있어요. 좀 바빠서 그러니까 기다려요.”

F “바쁘신 건 알고 있어요. 하지만 이것도 매우 급하니 다음 출장가시기 전에 꼭 좀 부탁드려요.”

G “알았다고 하잖아! 시끄럽게 몇 번씩이나 말하고 그러는 거야.”

F “그럼, 바쁘신 것 같다고 경리 과장님께도 말씀드리겠습니다.”(이 말을 할 때도 짐짓 부드러운 말투로.)

G “뭘 그런 위협까지 하고 그러는 거요.”

F “나중에 경리 과장님께 꾸중 듣기 전에 미리 대비를 해 놓아야 되잖아요. G 씨는 정말 바쁘신 것 같으니.”

G “지금 비꼬는 거요?”

F “G 씨가 걱정스러워서 그러는 거죠.”

Point

아직 유아성을 탈피하지 못한 타입으로 보이는 G 같은 사원은 어디에나 있습니다. 이런 경우에는 서투른 도발에 기죽지 말고 담담하게 대응하는 것이 요령입니다. ‘경리 과장에게 보고하겠다’는 비장의 무기도 망설임 없이 보여 줍니다. ‘정말 바쁘신 것 같으니’와 같이 상대의 입장에서 하는 말은, 설령 속이 빤히 들여다 보이더라도 걱정하는 듯이 보이면서도 부드럽게 위협을 가할 수 있습니다.

미국의 사회 심리학자 셕터에 따르면 인간은 불안감을 안고 있는 상황에 놓이게 되면 그 불안감을 누군가와 공유하고 싶어하는 심리가 작용한다고 합니다. 상대방에게 위협을 가해 불안감을 줄 때, 그것이 자신이 가한 위협이더라도 함께 무서워해 주는 것이 세련된 '성인의 위협'일지도 모릅니다.

당신에게 의지하게 하는 고립 암시

'세뇌'라는 말을 사전에서 찾아보면 어떤 사상이나 주의를 주입시켜 거기에 물들게 하는 일이라고 합니다. 여기에서 소개하는 '고립 암시'도 세뇌와 비슷한 점이 있습니다.

좀 지나친 표현일 수도 있지만, 세뇌의 제1단계는 외부로부터 정보를 완전히 차단시켜 고립무원의 상태를 만드는 것입니다. 고립 상태 속에서 지금까지의 가치관이나 사고방식을 철저하게 거부당하면 그 후에는 어떠한 생각도 쉽게 들어올 수가 있습니다.

H는 일은 잘 하지만 너무 모든 일을 완벽하게 처리하려는 성격 탓인지 주위와의 인간관계가 원만하지는 못합니다. 그런 그가 최근에 약간의 실패를 해서 매우 의기소침해 있습니다. 그런 H를 마주한 당신은,

당 신 "H, 너무 초조해하지 마."

H "알고 있어. 하지만 왜 주위 사람들이 나에 대해 이러쿵저러쿵하는 거야?"

당 신 "원래 주위 사람들은 이럴 때 냉정하잖아."

H "차가운 눈으로 보는 것뿐이라면 참을 수 있어. 그런데 바로 옆에서 함께 일하는 사람들까지 그러는 건 너무하는 것 아냐?"

당 신 "이봐, 너무 민감하게 받아들이는 거 아냐? 인간은 결국 혼자잖아. 잘 표현할 수는 없지만 말이야."

H "에이!"

당 신 "사람하고는. 자네는 너무 민감하단 말이야. 이번 일에 대해 대부분의 사람들이 자네가 생각하고 있는 만큼 관심을 갖고 있지 않다니까."

H "그거야 그렇지만."

당 신 "뭐, 걱정하지 말게. 나만은 자네 마음을 이해할 수 있을 것 같아."

Point

격려해 주는 듯하면서 상대의 고독감을 부채질하는 말들을 태연하게 내뱉습니다. 이때 '당신은 고독하다'등의 직접적인 표현을 해서는 안 됩니다. '인간이란 결국 혼자 남게 된다'는 어찌 보면 매우 당연한 말을 아무렇지도 않은 듯 말하는 것이 요령입니다. 그리고, 마지막에 '나만은'이라는 말로 '구세주'를 등장시키는 겁니다. 이런 방법은 호감을 품고 있던 이성에게 사용해도 효과 만점의 기법이라 할 수 있습니다.

감추어진 욕망을 끌어내는 모호한 암시

평소 '이성파'라고 자인하는 타입들은 자신의 욕망을 밖으로 드러내고 싶어하지 않습니다. 그래서 이들은 돈이나 이성 문제, 그리고 출세에 대해서 무관심한 척합니다. 그리고 입버릇처럼 '객관적으로 생각하면' 등의 말을 자주 사용합니다. 그러나 객관적이라는 말의 뒷면에는 타인의 눈이 따라다닌다고 할 수 있습니다.

객관적으로 생각한다는 것은 다른 사람의 눈을 의식한다는 의미이기도 합니다. 특히 평소 이성적인 타입이라고 자신하는 사람이야말로 위기에 빠졌을 때는 주위 사람들의 눈을 의식하는 경향이 있습니다.

미국의 심리학자 페스팅거가 제창한 '사회적 비교 과정의 이론'이라는 심리학 이론이 있는데, 여기에서 보면 인간은 객관적으로 판단할 수 없는 상황에 직면하게 되면 자신의 사고방식을 타인의 행동이나 경험과 비교하고자 한다고 합니다. 즉 인간은 결단을 내리지 못하는 때가 오면, 다른 사람의 움직임만을 주시한다는 것입니다. 그런 때는 이성이든 뭐든 아무것도 남아있지 않게 됩니다. 인간의 본능적인 욕망만이 살짝 얼굴을 내밀고 있을 뿐입니다. 이때 효과적인 것이 '모호한 암시'라는 심리적 최면 대화법입니다.

당신은 증권회사의 영업사원으로 지금 중소기업 사장에게 주식거래를 권유하고 싶습니다. 그런데 요새는 경기가 나쁘고 주가도 내려가는 추세라 강력한 권유를 하기가 곤란한 상태입니다.

당 신 "이 가격 동향을 한번 보십시오. 아무래도 심상치가 않습니다. 어제부터 사자 주문이 들어오고 있어요."
사 장 "흠, 재미있군."
당 신 "소문이기는 하지만 제가 들은 말이 있어서……."
사 장 "무슨 말인데?
당 신 "죄송합니다. 무책임한 정보는 말씀드리는 것이 금지되어 있어서……."
사 장 "아, 이 사람 왜 이러나? 사람 잠 못 자게 할 거야?"
당 신 "아무튼 수상한 움직임을 반복하고 있습니다."
사 장 "그런 주는 건드리기가 무섭지."
당 신 "하지만 지금까지의 제 경험으로 미루어 보아 이런 주는……. 하지만 제가 너무 경솔하게 말씀드리면 오히려 곤란하실지도 모릅니다."

사 장 "이봐, 증권사 영업사원이 그런 마음 약한 소리를 하면 어떡하나. 좀더 자세하게 설명해 보게나."

Point

어디까지나 사례로써 읽어 주시기 바랍니다. '심상치가', '들은말', '이런 주는'하는 말들은 명확한 것은 아무 것도 말하지 않고 묘한 뉘앙스만 풍길 뿐입니다. 최대한 이성적인 결단을 내리고자 하는 사장도 이런 모호한 정보로 인해 오히려 흥미를 보이고 있습니다. 모호한 암시는 이처럼 적극적인 설득 없이 상대방 스스로가 판단하게 합니다. 그것이 '이성 무너뜨리기'의 비결입니다.

감추어진 욕망을 끌어내는 모호한 암시

정보의 결핍 상태를 만들어 상대를 내가 원하는 방향으로 유도하는 것이 '모호한 암시' 였습니다. 이와 반대로 상대를 정보의 소용돌이 속으로 밀어 넣어 자기가 조종하는 대로 따라오게 하는 방법이 있습니다.

심리학에서는 전혀 경향이 다른 이율배반적인 정보가 머릿속에 입력되면 혼란스러워져서 마음 속에서 타협이 되지 않는 상태를 '이중 구속'이라고 합니다. 상대방을 이중 구속 상태로 만들어 뭐가 뭔지 판단하기 어려운 상태에서 무의식중에 당신이 원하는 방향으로 이끌리게 하는 것이 '착각 암시'입니다.

당신은 지금 부인에게 기대어 사는 무능력하고 뻔뻔스러운 남편입니다. 부인은 그런 당신을 뒷바라지하는 것에 지쳐서 심리적 갈등을 겪고 있습니다. 이 책을 읽는 당신이 여성일지라도 무능력한 남편이 된 듯한 심정으로 읽어 주시기 바랍니다.

당 신 "이거 미안한데, 용돈이 떨어졌거든. 주머니가 비니까 왠지 더 썰렁해지는 기분이야."

부 인 "용돈 준 지 얼마나 되었다고 그러는 거예요?"

당 신 "쓸 곳이 좀 많아야지."

부 인 "또 엉뚱한 데다 돈 썼지요? 내가 뭐 당신 도깨비 방망이라도 되는 줄 알아요? 다음 용돈 날까지 좀더 기다려요."

당 신 "나한테 굶어 죽으라는 말이야?"(약간 험악한 말투로.)

부 인 "무슨 말을 그렇게 해요? 밥값 정도는 있다는 거 알고 있어요."

당 신 "지금 나한테 그런 말 해도 되는 거야?"

부 인 "무조건 그렇게 화만 내지 마세요. 당신이란 사람 정말이지……."

당 신 "미안해, 정말 미안해. 나란 놈은 왜 이렇게 형편없을까? (부인의 손을 살짝 감싸면서) 당신이 없으면 살아갈 수 없다는 것을 알면서도."

부 인 "……."

당 신 "어때? 응? 이번 한 번만 용서해 줘."

Point

여기서는 '미안, 미안'이라는 애교 섞인 목소리와 '나한테 그런말 해도 되는 거야?'하는 험악한 목소리를 주목할 필요가 있습니다. 이 두 가지의 목소리는 아내에게 비추는 남편의 이미지로 완전히 상반된 정보가 됩니다. 부드러운 면이 있는 사람인데 왜 저런 말투를 하는 걸까 하며 말입니다.

아내의 마음 속에서는 이 두 개의 상반된 남편의 이미지가 서로 연결이 되지 않습니다. '미안해'하는 반성하는 투의 말과 침도 채 마르기도 전에 '어때? 응?'하는 그의 말은 일종의 이율배반적인 정보라고 할 수 있습니다. 게다가 염치없이 돈을 달라고 하면서 살짝 손을 감싸는, 뻔뻔스러움과 부드러움을 상징하는 상반된 행동도 그녀의 마음을 혼란시키는 정보입니다.

가엾게도 아내는 이러한 이율배반적인 정보 속에서 허우적거리면서 '역시 이 사람에게는 내가 필요하다'는 스스로의 속삭임에 따라 남편에게 기울어져 갑니다.

이런 착각 암시는 남자들의 심리에도 마찬가지로 적용됩니다.

4

내방식으로 사람을 끌어내는 6가지 방법

여기까지 왔으니 유연한 발상법과 심리적 최면 대화의 굉장한 효과에 대해 어느 정도 이해하셨으리라 생각합니다. 이제 당신은 이것을 실생활에 적용하고 싶어 좀이 쑤실 겁니다. 그러나 옛말에 이르기를 매사에 서두르면 손해를 본다고 하였습니다.

심리적 최면 대화에서 핵심은 상대방을 당신의 페이스로 끌어들이는 일입니다. 그러기 위해서는 어떻게 하면 좋을까요?

바로 상대방의 반응을 보면서 차분하게 공격하는 것이야말로 핵심이 됩니다. 지금부터는 구체적인 공격 방법에 관한 것들을 소개하겠습니다.

정면 공격법으로 나갈까? 미야모토 무사시처럼 책략을 사용할까? 상대에 따라 자유자재로 6가지 화법을 구분해서 사용하는 것이야말로 완벽한 심리적 최면 화술을 위한 지름길입니다

철저하게 애태운다

비즈니스 화법에서는 상사에게 보고할 경우 결론부터 말하라고 가르칩니다. 그 방법도 나름대로 맞습니다. 그렇지 않아도 바쁜데 장황한 설명을 듣고 있노라면 참을 수가 없게 되는 경우도 많기 때문입니다.

그러나 실제로는 인간관계의 미묘한 심리가 복잡하게 얽혀 있는 비즈니스 사회에서, 때로 일부러 결론을 연기시킬 수 있을 때까지 연기시켜 상대의 관심을 끌어내지 않으면 안 될 경우가 있습니다.

자신과 상대방의 힘의 균형이 미묘한 경우, 즉 회사에서라면 라이벌 동료와의 관계가 그렇습니다.

상사와 부하직원처럼 상하 관계가 분명할 경우에는 훨씬 사무적인 대응 관계가 가능합니다. 사무적인 관계에서는 불필요한 시간과 노력을 허비하지 않는 편이 좋습니다. 하지만 같은 회사 내의 인간관계라 하더라도 라이벌 관계가 되면 일을 원활하게 진행해 가는 것만이 전부가 아닙니다. 힘의 차이가 없는 관계이므로 미묘한 임기응변의 술책이 필요하게 되는 경우도 있습니다.

이렇게 힘의 관계가 미묘한 상대와의 대화에서 확실한 심리적인 최면 효과를 발휘하는 것이 '클라이맥스법' 입니다. 물론 비즈니스 현장에서만이 아니라, 연애 관계(사실 이 경우만큼 임기응변의 술책이 필요한 관계도 없습니다.)에서 클라이맥스법의 위력은 확실하게 발휘됩니다.

실천화법

♣ 비즈니스 현장 / 동료에게 상담을 하다

"실은 상담할 게 있어. (상대가 '뭔데?'하는 표정을 지을 때) 미리 부탁하지만, 여기에서 들은 것으로 끝내 줘. (약간 호들갑스럽게) 저번 그 사건 기억하고 있어? (관계없는 일이라도 좋으니 옛 이야기부터 설명하기 시작한다.) 그 일이 있고 나서 생각하고 있었는데…… 뭐라 말하면 좋을까……."

실천화법

♣ **연애 현장 / 자기의 호의를 고백한다**

"내 마음이 잘 정리가 되지 않는데…… 아니, 마음의 정리는 되었어. 그것을 뭐라고 표현하면 좋을지 잘 알 수가 없어서……. 우리가 처음 만난 게 언제였지? 3년? 음, 벌써 그렇게 됐어? 3년이라……, 지금까지 왜 이런 나의 마음을 알아차리지 못했을까? 생각해 보면 너는 나에게 이 세상 무엇과도 바꿀 수 없는 존재야……."

마지막 말은 다소 진부한 표현이지만 상관없습니다. 하여튼 상대방에게 기대감을 갖게 하는 겁니다.

상상력을 최대한 이용한다

♣ "이것으로 당신과 나는 일심동체가 되었군요."

이 말은 몸과 마음이 하나가 되었을 정도로 친밀하다는 것을 의미하지만 한편으로는 관념적인 표현이기도 합니다.

♣ "이것으로 당신과 나는 불알친구처럼 지낼 수 있겠군요."

그다지 품위 있는 말은 아니지만, 남자라면 이루 표현할 수 없을 정도로 좋은 '친구(동료)'가 되었음을 알 수 있습니다. 일심동체라는 말에 비한다면 훨씬 실감이 나지 않습니까?

'이미지법'이란 이처럼 추상적 · 관념적인 말을 구체적인 묘사로 바꾸어 심리적 최면 효과를 높이는 방법입니다. 이미지법을 사용할 때는 '부슬부슬', '쏴쏴'등의 의성어나 '매끈매끈', '빙긋이'와 같은 의태어를 사용하는 것이 좋습니다. 의성어나 의태어를 사용하면 색이나 소리 등 상태의 이미지가 또렷해지기 때문입니다. 그리고 사물을 묘사하는 짧은 말은 길게 늘여서 말하면 이미지가 더욱 강조됩니다. '빨~간', '따뜻~한', '무거~운'등을 낮은 목소리로 천천히 말해 보십시오. 말하려는 바가 훨씬 확연해지는 느낌을 받을 수 있을 것입니다.

무엇보다도 중요한 것은 평소부터 관념적인 말이나 일반적으로 쓰이는 표현을 구체적인 이미지가 전해지는 말로 묘사하는 훈련을 해 두는 것입니다. '그녀가 울고 있다'는 말보다 '그녀의 작은 어깨가 가늘게 떨리고 있다'하는 표현처럼 다소 길어지더라도 훨씬 이미지에 깊이가 느껴질 수 있도록 훈련하는 겁니다.

실천화법

♣ 개선 전

"가끔 해외 여행도 가야 하지 않을까요? 사이판 근처라면 멀지도 않잖아요. 뜨거운 태양 아래에서 휴가 기분을 만끽하는 거죠. 사람에게는 역시 휴식이 필요해요. 이대로 가다간 일벌레가 되겠어요."

실천화법

♣ **개선 후**

"푸른 하늘과 파란 바다가 보고 싶어요. 우리 사이판 가요. 나무 그늘 아래에서 과일 주스도 마시고 책도 읽고 하루 종일 아무 생각도 하지 않고 조용히 지낼 수 있다면, 그래서 머리속을 말끔하게 할 수 있다면 싼 편이잖아요."

상대를 설득할 때에는 마이너스 이미지를 강조하는 것보다 플러스 이미지를 전면에 부각시키는 것이 유리합니다. 이러한 방법은 비즈니스 대화에서도 마찬가지로 적용됩니다.

감추어진 욕망을 끌어내는 모호한 암시

심리학 용어에 '라폴(rapport, 친밀도)'이라는 말이 있습니다. 자신의 생각이나 흥미, 감정이 상대방과 일치하여 두 사람이 정신적, 심리적으로 연결된 상태, 혹은 그 작용을 의미합니다.

흔히 연인 관계에서 볼 수 있는 것이 라폴이라고 할 수 있습니다. 서로 생각하는 것이나 느끼는 것 등을 공감하는 것으로 친한 친구, 가족 등에서도 라폴이 일치하는 경우는 많습니다. 이 밖에도 동료

의식이 강할 때나 동일한 목적 의식 아래 무엇인가를 이루고자 할 때가 라폴이 일치된 상태입니다.

한 언어심리학자는 '상대와 라폴을 일치시키기 위해서는 나의말 속에 상대방이 말할 때의 버릇을 적극적으로 집어넣어야한다'고 주장했습니다. 이 주장을 응용한 것이 '앵무새 맞장구법'입니다. 하지만 만나자마자 바로 상대방의 언어 습관을 발견하는 것은 어렵습니다. 때문에 직접적으로 상대방의 말을 반복하는 방법을 사용한다면, 단지 이 방법만으로도 두 사람 사이에는 라폴 효과가 일어날 수 있습니다.

실천화법

"어제 기획 회의가 있었어요."
"기획 회의요?"
"네, 장장 5시간이나 회의를 했어요."
"5시간씩이나요? 힘들었겠군요."
"네, 너무 힘들었지만 결국 결론이 나와 그 계획을 시작하기로 했어요."
"그렇습니까? 고생하신 보람이 있었군요."
"정말 감개무량합니다."

처음에는 상대방이 하는 말을 그냥 따라하는 것이 좋지만 도중에서부터는 따라하는 말에 되도록 당신의 감정을 이입시키는 것

것이 좋습니다. 기쁘거나 슬프거나 하는 감정을 표현하거나 감탄을 해 주는 겁니다. 또 말에 따라서는 표정에도 신경을 쓰는것이 좋습니다. 그러면 상대방은 당신이 진지하게 이야기를 들어 주고 있다고 생각하게 됩니다. 이것을 노리는 겁니다.

타협으로 긴장을 풀게 한다

흔히 볼 수 있는 바나나 노점상입니다.

"이렇게 열매가 많이 달린 바나나가 한 송이에 3,000원입니다, 3,000원. 싸요, 싸. 백화점에서는 이런 바나나가 한 송이에 5,000원씩 합니다. 놓치면 후회하실 겁니다. 자, 바나나가 한 송이에 3,000원." 확실히 백화점보다는 싼 듯하지만 아직 손님들이 선뜻 바나나를 사기에는 비싸 보입니다. 그래서 사람들은 그저 구경만 할 뿐 사 가지는 않습니다.

"에, 오늘은 제가 기분이 좋으니까……기분이다! 바나나가 한 송이에 2,000원! 어디 가도 이 가격에 이런 바나나를 살 수는 없어요. 자, 바나나가 한 송이에 2,000원이오, 2,000원."

노점상 주인은 제법 신나는 박수까지 치면서 손님들은 끌어 모으고 있지만 손님들은 아직 부족하다는 표정만 지을 뿐입니다.

"음, 날씨도 점점 어두워지고, 빨리 집에 들어가야 하는데…… 좋아! 좀 전까지도 2,000원에 팔던 바나나가 한 송이에 1,800원, 1,800원."

내려가는 가격 폭이 점점 좁아지면서 손님들도 단순한 구경에서 '사 볼까?'하는 생각을 하게 됩니다. 하지만 인간이란 욕심이 있기 마련이어서 좀더 기다리면 200~300원 정도 더 싸질지도 모른다는 기대를 하게 됩니다. 그런 손님들의 마음을 꿰뚫어 보기라도 한 것처럼,

"어이구, 좋다. 오늘은 봉사하는 날이로구나. 에잇, 바나나 한송이에 1,500원이오, 1,500원."

손님들에게 있어서 마지막 300원은 생각지도 않은 할인 가격입니다. 처음부터 살 생각이 없었던 사람들도 자신도 모르게 1,500원이라는 가격에 솔깃해집니다. 물론 바나나 상인은 처음부터 1,500원이라는 가격을 생각하고 있었을 겁니다.

이 상인이야말로 심리적인 최면 대화의 명수라 할 수 있습니다. 마치 이쪽에서는 어떻게 해서라도 타협을 하고자 하는 것처럼 보여 상대방의 마음을 느슨하게 만드는 방법을 사용하는 겁니다. 느슨해졌다 싶은 선에서 상대방이 생각지도 않은 더 큰 '양보(할인가격)'를 합니다. 언뜻 흥정하기를 체념해 버린 사람처럼 보이게 하여 손님들의 지갑을 열게 만든 것입니다.

실천화법

♣ **친구에게 돈을 빌려야 할 때**

"월급날은 아직 멀었는데 지갑이 벌써 비었네. 혹시 20만 원 정도 있어? 아니, 15만 원 정도라도 좋아. 어떻게 안 되겠냐? 뭐? 12만 원밖에 없다고? 그래, 12만 원 정도면 되겠다. 미안, 미안. 나도 참 할 수 없는 놈이야. 10만 원만 있어도 이렇게 아쉬운 소리를 안 할 텐데……."

이런 심리 대화 방법은 쑥스러워하지 말고 오히려 당당하게 요구해야 합니다. 절실하게 원하는 마음가짐으로 협상에 임한다면 틀림없이 성공할 겁니다.

방심하게 만들어 반격한다

검술의 명인 미야모토 무사시는 살아있는 동안 60번의 검술경기에서 패한 적이 없을 정도로 뛰어난 실력을 가지고 있습니다. 그의 유명한 책 『오륜서』를 보면 무사시는 이렇게 말하고 있습니다.

"적이 된다는 것은 내가 나를 적의 대신으로 생각해야 한다는 것이다."

적을 알면 그 어떤 전투도 두렵지 않습니다. 그러기 위해서는 우선 자신을 적의 입장에 두고 차분하게 상대의 마음 속 깊은 곳까지 헤아려 보아야만 합니다. 그리고 나서야 비로소 승부에 임할 수 있다는 뜻입니다.

이와 같은 무사시의 명언을 심리적인 최면 화술의 사용법으로 응용한 것이 바로 '방심하게 만들어 반격하는'방법입니다. 먼저 상대의 입장에서 차분하게 생각하고 순식간에 반격하여 단칼에 해치워 버린다는 뜻으로, 원래 미국 세일즈맨들의 기본 중의 기본으로 일컬어지고 있는 화법입니다. 우선 상대의 주장에 찬성의 뜻을 보내면서 교묘하게 반론을 펼칩니다. 이 순간적인 반격이 진정으로 보여 주고 싶은 솜씨입니다.

실천화법

♣ 요점 정리형

상대가 말한 것을 정리하거나 요약한 후에 반론한다.

"다시 말하면 ○○ 씨가 말씀하신 것은 이런 것이군요.(상대방이 말한 것을 간추려서 말한다.) 한 가지 여쭤볼 것이 있습니다만.(질문하는 척하면서 실은 부드럽게 반론한다.)"

실천화법

♣ 찬성의 뜻을 보이는 형

"설명을 듣고 나니 과연 옳으신 생각인 것 같습니다. 그러나 이 부분만은 설명을 좀 부탁드립니다.(가르침을 부탁하는 형식을 빌려 실은 반론한다.)"
"정말 멋진 생각이십니다. 그 말씀을 듣고 있자니 어느 유명한 교수님의 강의를 듣는 것 같습니다. 다만 귀중한 말씀을 듣고 뭐라 하기는 그렇습니다만."

요점 정리형은 정리한 요점이 너무 일방적인 해석이 되지 않도록 주의해야 합니다. 또한 찬성의 뜻을 보이는 형은 찬성의 말이 지나치게 간사한 말이 되지 않도록 주의해야 합니다. 어느 쪽이든 다음 단계의 말을 부드럽게 하지 못하면 이 화법은 제대로 효과를 거두기가 어렵습니다.

무사시와 검술 대결을 한 적이 있는 사사키 고지로가 특히 자신 있어 하던 검법으로 제비반격법이 있는데, 이것은 제비가 휙 날아와 민첩하게 뛰어오르는 것처럼 검을 휘두르는 검법입니다.

적절한 기회를 놓치지 않도록 주의하십시오.

깔려 있는 레일 위로 유도한다

요즘 매우 이상한 I의 행동에 혹시 다른 여자라도 생긴 건 아닐까 하고 의혹을 갖기 시작한 요오꼬는 연인에게 마음 속의 갈등을 털어놓습니다.

"I, 혹시라도 다른 여자가 생겼다면 분명하게 말해 줘요."

요오꼬는 I와 헤어질 생각은 없지만 좀 강한 어조로 다그칩니다. 아마도 요오꼬는 I에게 사랑의 표현을 바라고 있는지도 모릅니다. I도 그런 요오꼬의 마음을 너무도 잘 알고 있지만 새삼스레 사랑의 표현이라니 어색할 따름입니다.

"무슨 그런 바보 같은 말을 하는 거야?"

처음에는 흥분한 것처럼 말했지만 너무 정색을 하면 오히려 이상하게 보일 수도 있어서 일단 목소리를 부드럽게 바꿉니다.

"요오꼬, 우리 사귄 지 벌써 몇 년째지? 이 정도 사귀었으면 이젠 서로 믿을 만도 하지 않아?"

"그렇지만, 요새 당신의 행동이 아무래도……."

"나와 요오꼬는 대체 어떤 관계지? 요오꼬도 내 마음을 알고 있잖아. 새삼스럽게 나한테 이런 말을 하게 해야겠어?"

"그거야 알고 있긴 하지만……."

"요새 전화도 자주 못하고, 자주 만나지도 못한 건 인정해. 하지만 그건 회사일이 너무 바빠서라는 것을 알고 있잖아. 이런 나를 가장 잘 이해해 줄 수 있는 사람은 요오꼬라고 생각했는데, 내가 잘못 알고 있는 거야?"

자, 이제 요오꼬의 I에 대한 의혹도 사라지겠죠? 여기서 눈여겨 보아야 할 사항은 그의 말에 '?' 가 굉장히 많다는 점입니다.

그의 의문문은 상대방이 대답하지 않아도 답이 뻔한 내용인데도 굳이 '?' 을 붙였습니다. 그런 방법으로 I는 자기가 깔아 둔 레일을 따라서 이야기를 진행해 갑니다. 이것이 심리적인 최면 대화의 고급 기법인 '깔려 있는 레일 위로 유도하는 방법'입니다.

실천화법

♣ 거침없는 자기 주장형

"내가 말하는 것은 도대체가 어떻게 할 수 없는 탁상공론에 불과한가요? 뜬구름 같은 얘기를 하기 위해 내가 이렇게 자료를 모았다고 생각하십니까?"

♣ 근본적인 문제에 대한 재질문형

"우리가 오늘 무엇 때문에 모였습니까? 이 주제의 결론을 끌어내기 위해서가 아닙니까? 결론이 무엇을 의미합니까? 우리 회사의 미래가 걸려 있는 것이 아닙니까?"

대답이 불필요한 질문에 상대가 대답을 하도록 시간을 주게되면 효과는 반감됩니다. 진행 속도를 잘 조절해 상대방이 끼어 들 수 있는 여유를 주지 않도록 하는 것이 요령입니다.

5

사람에 따라 달라지는 대화법

직장 내에서의 인간관계로 어려움을 겪는 사람들이 꽤 많이 있습니다. 누구나 좋은 인간관계를 갖고 싶어하지만, 많은 이해 관계가 얽히고설킨 비즈니스 사회에서 그런 관계를 만들기란 생각만큼 쉬운 일은 아닙니다. 이런저런 이유로 스트레스는 점점 쌓여가고 있지만 말입니다.

그러나 심리적인 최면 화술을 이용해 좋은 인간관계를 유지하는 방법이나 상대방을 추켜세워 주는 방법을 알아 둔다면 두려울 것이 없습니다.

사소한 일까지 일일이 확인하는 상사는 어떤 방법으로 대하면 좋을까요? 그리고 방심할 수 없는 모사꾼에게는 어떻게 대처하는 것이 효과적일까요?

당신 주위에 7개 유형의 좋지 않은 인간관계가 있습니까? 이책을 읽고 나면 내일부터 모두 당신의 편으로 만들 수 있습니다.

세세한 일에도 신경을 쓰는 타입

행동 양상

▷ 서류의 오자, 탈자를 빨리 발견한다.

▷ 대화할 때 조금이라도 틀린 부분이 있다는 것을 알아차리면 대화 중간에라도 끼어들어 지적하지 않고서는 참지 못한다.

▷ '○○광' 이라 불릴 만큼 하나의 일에 열중한다.

처방전

아주 사소한 일까지 참견하기를 좋아하는 사람이 있습니다. 이런 사람을 상사로 모시고 있다면 보고 하나를 하는 것도 매우 조심스럽습니다. 만일 이런 유형 사람과의 커뮤니케이션을 우습게 여기면 계속해서 싫은 소리를 들어야만 할 겁니다.

이런 타입에게는 차라리 '정보 공세'로 나가는 것이 낫습니다. 좀 과하다 할 정도의 자료나 데이터를 계속 공급한다면 상대방은 만족해합니다.

"과장님, 어제 올린 기획서는 검토해 보셨습니까?"

"아, 그것 꼼꼼하게 보고 꽤 잘 만들었다는 생각은 했는데 말이야, 걱정되는 점이 있더군. 좀더 잘 검토해 보고 싶은데."

이런 타입은 무슨 일이든 완벽하지 않으면 마음에 들어하지 않습니다. 서류 하나를 보더라도 좌정하여 꼼꼼하게 살펴봅니다. 눈으로 슬쩍 보는 것은 통하지 않기 때문에 '조금 더 보고 싶다'는 말을 했지만 실은 아직 보지 않았을 수도 있지 않을까요? 그때,

"막 검토하신 뒤인데 죄송합니다만, (상대방의 말을 믿는 것처럼) 이것은 기획서 B안에 대해 보충 사안으로 검토해 주셨으면 하는 자료입니다."

"오, 그래? 그럼 그것도 일단 검토해 볼까?"

내용도 확인하지 않고 이런 말을 한다면 역시 보지 않았다고 판단해도 좋습니다. 그러나 상대방을 정보 공세로 공략하기 위해서는 상관없습니다. 이런 타입은 '비교 검토 작업'을 매우 좋아하기 때문에 정보가 많으면 많을수록 기뻐합니다.

"함께 제출하지 못해 죄송합니다. 과장님의 훌륭하신 판단을 기다리겠습니다. 부탁드리겠습니다."

자, 이 정도로 추켜세워 준다면 안 될 일이 없겠지요?

자기 과시욕이 강한 타입

행동 양상

▷ 다른 이들을 의식하지 않고 (실제로는 충분히 의식하고 있다.) 커다란 목소리로 말한다.

▷ 이야기가 어느 정도 마무리되려 하면 꼭 머리를 흔들고 싶어 한다.

▷ 말속에 '나', '저'라는 1인칭이 많다.

▷ 가끔 자기와 상대방이 같이 알고 있는 사람에 대한 이야기가 나오면 '그 사람 혹시 무슨 얘기 없었어?'하는 말로 자신에 대한 평판을 걱정한다.

처방전

이런 타입은 한마디로 돋보이고 싶어하는 타입입니다. 이런타입에게는 더 한층 박수를 쳐 주며 무대 위로 올려 보내는 편이 좋습니다. 그러나 박수를 쳐 주는 사람이 당신 혼자라면 상대방도 신이 나지 않습니다. 되도록 많은 관객을 데리고 가는 것이 좋습니다. 실제로는 언어의 심리적인 최면 효과를 이용해 마치 관객이 있는 것 같은 착각을 일으켜 주는 것이지만 말입니다.

"나리에 씨, 바쁘신가요? 와! 과연 나리에 씨의 업무 처리는 간다 씨가 말씀하신 대로 대단하시네요."

"아첨해도 아무 것도 안 나와요."

"가스미 씨도 업무 중에 잘 모르는 부분이 있으면 나리에 씨 한테 물어 보라고 하던 걸요. 뭐든지 자상하게 가르쳐 줄 거라 면서."

"왜 그래요? 나는 몹시 바쁘단 말이에요."

"호호, 미안해요. 실은 통계 그래프 작성법을 잘 몰라서 그런 데요."

"지침서에 나와 있지 않나요?"

"아무리 봐도 잘 이해가 안 가서요. 과장님이 보기 쉽게 다시 만들라고 하시는데, 과장님이 까다로우신 분이라는 것은 나리에 씨도 잘 알고 계시잖아요. 그러고 보니 과장님이 나리에 씨가 요즘 좋아 보이지 않다면서 무슨 일이 있냐고 물어보시던데요? 참, 애인하고는 잘 돼 가고 있어요?"

"뭐 그런 쓸데없는 말을 하고 그래요. 어디 자료나 좀 보여 줘요."

이와 같이 상대방에게 주목하고 있는 사람들이 마치 여기저기 있는 것처럼 차례차례 이름을 대는 방법이 좋습니다. 권위 있는 사람이나 상대가 호의를 가지고 있는 사람이라면 더욱 효과적입니다. 인간이란 주위 사람들로부터 주목받고 있다는 생각이 들면 약해지는 법인데, 이것을 심리학 용어로 '관찰자 효과' 라고 합니다.

완고한 관철주의 타입

행동 양상

▷ 다른 이에게 부탁한 것을 몇 번이고 확인한다.

▷ 상대방이 같은 얘기를 하거나 핵심을 찌르는 질문을 하면 반드시 '그러니까', '아' 하며 말끝을 올리는 어조로 응수한다.

처방전

이런 타입은 앞에서 말한 자기과시욕이 강한 타입과 비슷한데, 단지 자신의 재능이나 지위를 과시하고 싶어한다기보다 비교적 단순한 '자기 멋대로 식' 이라는 편이 맞습니다.

이런 타입은 다른 사람들에게 이러쿵저러쿵 말을 듣는 것을 싫어합니다. 윗사람과의 대화에서는 그런 완고함을 감추지만 동료나 아랫사람과의 대화에서는 순간적으로 본성을 드러내기도 합니다.

"선배님, 이 부분을 잘 모르겠는데요."
"그러니까, 말했잖아. 어제 물어 보지, 이제서야 뭐하는 거야."
"미안합니다. 어제 여쭤 보려고 했는데 선배님이 퇴근하신 후라서."
"왜 좀더 빨리 물어보지 않았어!"
하면서 우선 잔소리를 늘어놓지 않고는 참지 못합니다.
이런 상대에게는 자신의 의견이나 주장을 하나로 묶어서 말하는 것이 현명하지 않습니다. 2개의 선택 사항을 제시하여 판단을 바라는 대화법을 이용하는 것이 효과적입니다. 이것을 '양면 제시'라고 합니다.

"A 사의 가격 인하율에 관한 문제입니다. 이번 거래만을 생각한다면 3퍼센트로 억제하는 것이 좋을지 모르지만, 이후의 일을 생각한다면 1퍼센트 정도 상승시켜 4퍼센트도 생각해 볼 수 있다고 생각합니다. 그런데 제 생각만으로는 도무지 판단이 서지를 않는군요." 하는 식으로 2개의 선택 사항을 제시하는 겁니다.
이 내용을 처음부터 자신이 결론을 내리려는 뉘앙스로 전하게 되면 완고한 관철주의 사고를 가지고 있는 상대방은 본성을 드러내게 됩니다.

"A 사에 대한 가격 인하를 4퍼센트로 하면 어떨까 하는 생각인데 어떻습니까?"

"3퍼센트는 어떻게 된 거야? 제대로 검토해 본 거야?"

"예, 하지만 이후의 거래를 고려한다면……."

"그것은 좋아. 단지 내가 궁금한 것은 자네가 3퍼센트와 4퍼센트 양쪽 경우를 차분하게 검토해 보았냐는 말이야."

말하는 법을 약간 틀리게 한 것뿐인데도 듣지 않아도 될 말까지 듣고 말았습니다. 이래서는 불필요하게 허비되는 시간도 더늘어나겠지요?

모든 일에 열심인 맹렬 타입

행동 양상

▷ 입만 열었다 하면 '바쁘다'는 말을 연발한다.

▷ '힘내자', '열심히', '해야 한다' 등의 적극적인 말을 좋아한다.

▷ 늘 새로운 것을 좋아한다.

▷ 다른 사람들에 관한 소문에 호기심이 많다.

▷ 가끔 '좋아, 나에게 맡겨'하고 말하며 호기로움을 보여 준다.

처방전

이런 타입은 경쟁 사회에서 오로지 앞만 보고 달려가기 쉽습니다. 좋게 말한다면 적응성이 높다고도 할 수 있습니다. 프리드먼과 로센만이라는 학자는 이런 특징을 보이는 사람들을 '타입 A'라고 명명했는데, 이들은 항상 시간에 쫓기듯이 움직이고 업무든 취미든 매사에 열중하는 모습을 보입니다.

이런 타입은 자기중심적이지도 않고 남을 잘 배려해 주며 책임감이 강합니다. 또 남의 일에 참견하는 경향도 있는데, 이것은 무엇이든 자기가 하지 않으면 편치가 않기 때문입니다.

그들은 왜 이렇게 모든 일에 열중하는 걸까요? 어디서든 다른 사람에게 인정받고자 하는 '승인 욕구'가 있기 때문입니다. 승인 욕구가 채워지지 않을 때는 갑자기 돌변하여 공격적인 성격이 되거나 완전히 무기력감에 빠진 사람이 되기도 합니다. 이런 타입과 만날 때는 상대를 승인해 주는 말들을 사용하도록 해야 합니다.

♣ **바빠할 때** "좀 쉬었다 하십시오. 우리가 따라갈 수가 없어요. 몸이 견뎌 내지를 못합니다."
♣ **이야기에 고개를 가로저을 때** "당신이라면 어떻게 생각하는지 의견을 듣고 싶군요."

♣ **쓸데없이 참견하려 할 때** "당신이라면 그렇게 말씀해 주실거라고 생각했습니다. 그런데 이번 일은 어떻게든 스스로 해 볼작정이라서, 괜찮으시다면 나중에 상담 좀 해 주십시오."(그러면서 그 상황을 바꾼다.)

♣ **갑자기 화를 낼 때** "말씀하신 대로입니다. 이제야 제가 잘못 생각했다는 것을 알았습니다. ㅇㅇ 씨의 말씀으로 정신을 차리게 된 것 같습니다."

♣ **무기력감에 빠져 있을 때** "ㅇㅇ 씨가 없으면 일을 할 수가 없습니다. 우리들은 ㅇㅇ 씨가 있어야만 합니다."

이런 식으로 상황에 따라 상대를 좀더 중요한 존재로 느끼게 해주는 것이 요령입니다.

외로움에 빠지는 내성적인 타입

행동 양상

▷ 친목 도모 등을 위한 모임에 초대를 받아도 '오늘은 사양' 한다고 말한다. (오늘뿐이 아니라 항상 초대에 응하지 않는다.)

▷ 충고의 말을 들으면 듣기는 하지만, 결국 '음, 그래? 내가 알아서 나름대로 해볼게' 하고 대답한다.

▷ 겉은 연약해 보여도 내면적으로는 심지가 상당히 강하다.
▷ 대인관계에 서툴러 외로움에 곧잘 빠진다.

처방전

마음 속 깊은 곳에서는 다른 이들과 친해지고 싶어하는 '친화욕구'가 강하지만 그것을 솔직하게 밖으로 표출하는 것은 매우 어려워합니다. 고집이 있기는 하지만 앞에서 언급한 완고한 관철주의 타입이 외향적인 것에 비해 이런 타입은 내향적이라서 자꾸 안으로만 숨는 경향이 있습니다. 일단 자기 세계 속에 틀어 박히게 되면 좀처럼 어떻게 해볼 도리가 없는 경우가 많습니다.

이런 타입은 우선 이쪽에서 자기를 열어 보여 주는 것이 핵심입니다. 망신당한 이야기든 실연당한 이야기든 수치스러웠던 경험이든 뭐든 좋습니다. 여하튼 당신이 자신을 모두 드러내 보인 후에 상대방이 '마음의 문'을 여는 것을 기다리는 겁니다.

평소에 그다지 마음을 터놓고 지내던 사이는 아니지만 친구로 사귀고 싶었던 사람과 우연히 길에서 만났다면,
"어, ㅇㅇ가 여긴 웬일이니?" (우선 밝은 목소리로 말을 건다.)
"으응."
"뭐야, 그런 시무룩한 표정은?"

갑자기 이런 말을 한다면 상대방은 속으로 쓸데없는 참견을 한다고 생각합니다. 이런 딱딱한 타입의 마음 속으로 들어가기 위해서는 스스로가 바보라고 생각될 정도로 가볍고 허물없이 대하는 자세가 필요합니다. 무뚝뚝한 상대방에게 둔감한 척 틈을 두지 말고 당신이 계속 대화를 이어가는 겁니다.

“지금 어디 가는 거야?”
“응, 좀…….”
“데이트는 아닌 것 같고. 뭐 이렇게 길에 서서 물어 보았자 대답도 안 해 주겠지?(웃음) 나는 그냥 좀 어슬렁거리고 있는 참이야. 내 자신이 한심해서 말이지. 나는 좀 운이 없는 것 같아. 여자한테 만날 차이기나 하고. 스트레스가 쌓이니 매일 누군가에게 넋두리나 하고 있는 신세야. 조심해, 언제 ㅇㅇ에게도 화살이 갈지도 모르니 각오하는 게 좋을 걸?(웃음) 나중에 전화할게.”

이런 대화는 다소 강하게 하는 것이 좋습니다. 내용 중에 아무뜻 없이 집어넣은 ‘웃음’은, 사실은 계획된 가벼운 대사 속에서 빼놓을 수 없는 요소입니다

남에게 자기를 맞추는 넉살 좋은 타입

행동 양상

▷ 회의 중에는 '음', '과연' 이라면서 다 알아들은 것처럼 맞장구를 치지만 결국 전혀 이해하지 못한 경우가 많다.

▷ 그런 점이 걱정되어 도중에 재확인을 하면 '괜찮아요', '알고 있어요' 하는 식으로 호기로운 대답을 할 뿐이다.

처방전

이런 타입은 여러 사람이 모인 자리에서 정성껏 준비한 농담으로 분위기를 좋게 하려고 노력하거나 다른 사람의 말에 맞장구를 잘 칩니다. 그러나 이런 타입이 한번 마음을 달리 먹으면 손바닥 뒤집듯이 배반을 하기도 합니다.

따라서 나중에 쓴웃음을 짓지 않으려면 이런 넉살 좋은 타입에게는 너와 내가 같은 곳에 속해 있다는 '사회적 동일화 의식'을 강조할 필요가 있습니다.

"자네와 내가 이렇게 한 회사에서 일하게 된 것도 운명이라면 운명이라고 생각해. 함께 땀 흘리고 함께 밥 먹고 때로는 함께 바보 같은 짓도 하면서 말이지. 비록 우리는 회사의 업무적인 일로 만났지만 나는 이 인연을 소중하게 하고 싶어. 지금 진행하고 있는 이 프로젝트도 자네랑 끝까지 했으면 해. 자네가 쓰러지면 프로젝트에 참가하고 있는 모든 사람이 함께 쓰러진다고 생각해."

상대방이 그룹의 일원이라는 것을 깊이 새겨 주어야 합니다. 또 '자네밖에 할 수 없다', '자네라면 당연히 이 일을 할 수 있다', '자네정도 되니까 이런일을 할 수 있다' 면서 상대방이 아니고는 할 수 없는 역할을 설정해 주어야 합니다.

3

심리 게임:
이런 경우 당신은 어떻게 할까?

6 마음도 움직이는 위치 심리

심리 게임을 즐기면서 다른 사람의 마음을 조절할 수 있는 노하우를 터득해 보십시오.

과연 헤어질 수 있을까?

마루타는 24세로 대학원에서 심리학을 전공하고 있는 학생입니다. 그에게는 직장에 다니고 있는 리사꼬라는 연인이 있습니다. 이들은 대학 시절 동아리의 선후배 관계로 만나 서로 사랑을 느끼고 사귀게 된 지 그럭저럭 4년이란 세월이 흘렀습니다. 그런데 최근에 두 사람 사이가 매우 서먹서먹해졌습니다. 이제 직장 생활을 한 지 2년 정도 된 리사꼬의 주변에는 열심히 살아가는 남자들이 있었고, 리사꼬의 눈에 그들의 모습은 매우 믿음직 스러웠습니다. 그런 남자들을 보다 보면 마루타의 모습은 점점 희미해졌고, 게다가 마루타와 사귀는 동안 그의 무심한 행동 때문에 리사꼬는 많이 지쳐 있기도 했습니다.

어느 날 리사꼬는 일대 결심을 하고 마루타에게 전화를 걸었습니다.

"마루타, 이번 주 일요일에 시간 있어? 중요한 이야기가 있어. 전화로는 얘기할 수 없어. 신주쿠에 있는 K라는 커피숍에서 2시에 만났으면 해."

그녀의 얘기를 듣는 순간 마루타는 그녀가 기어코 헤어지자는 말을 하려는 것이라고 생각했습니다. 리사꼬와의 4년 동안 만남이 여기에서 막을 내릴지도 모른다는 생각이 들어서 안타까운 마음이 들었습니다.

여기까지가 무대 설정입니다. 당신은 지금부터 마루타의 입장에에서 이 글을 읽어 주기를 바랍니다. 마루타는 리사꼬의 전화를 받고 그동안의 일과 앞으로의 일에 대해 여러 가지 것들을 생각해 보았습니다. 그리고 어떤 결심을 하고 그녀를 만나러 가기로 했습니다.

마루타가 내렸을 법한 결심의 내용으로는 '헤어지자'는 말을 하는 것과 어떻게 해서든 그녀의 마음을 잡아 보는 것, 이 2가지가 있을 수 있습니다.

여기에서 잠깐 리사꼬가 만나자고 약속한 K 커피숍의 내부 그림을 봐 주십시오.

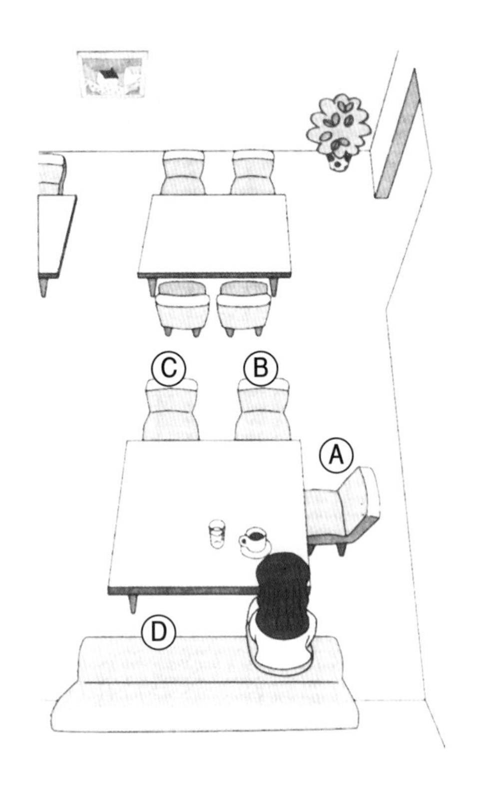

사람을 만날 때 하고자 하는 이야기의 내용도 중요하지만, 그 이야기를 전달하고 있는 '환경'도 상대방에게 끼치는 심리적인 효과는 매우 큽니다.

예를 들어 '앉은 위치' 가 그렇습니다. 이러한 심리를 이용한다면 자신이 상대방과 어떤 내용의 대화를 할 예정인가에 따라서 설득 효과를 높이는 '위치 관계'가 정해질 수 있습니다.

그렇다면 다시 마루타와 리사꼬의 이야기로 돌아가서 커피숍의 문을 열고 그녀의 모습을 발견한 마루타가 앉을 만한 장소로는 그림처럼 A~D가 있습니다. 그런데 이 자리가 마루타가 결정한 내용에 따라 어떻게 선택될 수 있을까요? 다음 4가지의 대화는 각각 마루타의 결정이나 의도, 바람 등이 추상적으로 내포되어 있는 부분입니다. 마루타가 생각하는 것을 어느 자리에서 전해야만 가장 효과적일 수 있을까요?

각각의 대화가 그가 왼쪽 그림 어느 자리에 앉았을 때의 대화인지 상상하여 □ 안에 자리를 나타내는 알파벳을 기입해 보십시오.

①의 경우 □

마루타 "잘 지냈어? 일은 잘 되고?"

리사꼬 "음, 그런대로."

마루타 "그래? 나는 이번에 교수님이 새 논문을 준비하라고 그러셔서 큰일이야."

리사꼬 “나, 실은 …….”
(그녀의 말을 가로막듯이,)
마루타 “오늘 스페인 요리 먹으러 갈래? 얼마 전에 가 보았는데 꽤 맛있던데?”

짐짓 평소 때의 데이트처럼 가장하는 마루타는 심각한 이야기는 가능하면 피하고 싶습니다.

②의 경우 □

(헤어지고 싶다는 리사꼬의 말을 들은 마루타는 부드러운 목소리로,)
마루타 “그렇지만 나는 아직도 리사꼬를 좋아해. 물론 지금까지 리사꼬를 울린 적도 있고, 잘해 주었다고도 할 수 없어. 그래서 리사꼬가 그런 식으로 생각하는 것도 할 수 없지만……. 리사꼬가 꼭 그렇게 하고 싶다면 나로서는 어떻게 말릴 수 없을지도 몰라. 하지만 내 마음만은 알아 주었으면 해.”

마루타는 비록 그녀가 내린 결론에 따르겠다고 대답을 했지만 아직 미련이 남아 있습니다.

③의 경우 □

(리사꼬의 심각한 표정을 보며,)
마루타 “말하지 않아도 알아. 헤어지고 싶은 거지? 그렇지만 왜?

4년 동안 나름대로 최선을 다했는데, 도대체 왜 그러는 거야?"

리사꼬 "역시 우리는 잘 맞지 않은 것 같아."

마루타 "그때 그 일을 말하고 싶은 거야? 그건 오해라고 말 했잖아. 새삼스럽게 이제 와서 나한테 너무 하는것 아냐?"

리사꼬 "그런 거 아냐."

마루타 "그럼 무슨 일이야?"

싸움이라도 할 자세입니다. 마음 속에서는 어떻게 해서든 그녀의 마음을 되돌려 보고 싶지만 행동은 자꾸 이상한 쪽으로 가고 있습니다.

④의 경우 □

(불안한 표정으로 자리에 앉은 마루타, 그녀의 얼굴을 쳐다 보면서,)

마루타 "중요한 이야기가 뭐야? 별로 좋은 얘기가 아니라는 느낌이 드는 걸?"

리사꼬 "우리 이제 헤어질 때가 된 것 같아."

마루타 "음, 리사꼬가 그런 결심을 했다는 것은 많은 생각을 한 후 내린 결론이겠지만……. 오늘 시간 어때? 좀더 차분하게 이야기를 해 보자."

리사꼬 "그렇지만 이미 내 마음은 결론이 났어."

마루타 "좀 기다려. 여기에서 내가 싫다고 해도 리사꼬의 마음이 변하지는 않겠지. 그렇지만 내 생각도 해줘야지. 너무나 갑작스런 말이잖아. 가능하다면 리사꼬가 그런 생각을 하게 된 과정이라든지 이유를 듣고 싶어. 나에게도 시간이 필요해. 좀 생각할 시간이."

전체적으로는 차분하게 이야기를 진행시키고 있습니다. 되도록 최악의 사태는 피하고 싶어하며, 이야기를 듣고 나서 결정하자는 신중한 자세입니다.

이 4개의 대화는 각각 마루타가 어떤 자리에 앉았을 때의 대화일까요? 다시 한번 그림을 잘 살펴보고 당신 나름대로 추측해 보십시오.

효과를 높여 주는 위치

예를 든 대화 ①~④의 경우에서 마루타의 마음을 정리해 보면 다음과 같습니다.

① 처음부터 '헤어지자'는 말을 피하고 싶어하는 태도로, 도망치는 자세라고 할 수 있습니다.
② 헤어지고 싶지는 않지만 여자가 결정하는 데에 맡겨 버리겠다는 어리광 형입니다.
③ 헤어지고 싶지 않은 것은 당연하고, 그녀를 어떻게 해서든 설득하여 본래의 관계로 돌아가고 싶어합니다. 둘의 관계에 대해 꽤 강인하고 확고한 자세입니다.
④ 헤어지고 싶지 않고, 차분하게 이야기를 나누어서 되도록 원만하게 화해를 했으면 좋겠다는 생각을 가진, 성실하고 무난한 자세입니다.

그렇다면 지금부터 어느 자리에서 어떤 이야기를 하는 것이 가장 효과적인지 살펴보겠습니다. 정답은 아래와 같습니다.

① - C　　② - D

③ - B　　④ - A

각각의 자리가 지닌 의미에 대해 생각해 보기로 합시다.

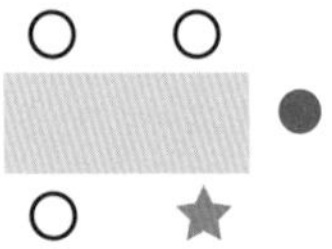

A: 그녀의 바로 옆에 비스듬한 자리

이 위치는 그녀와의 친밀감을 꽤 많이 느낄수 있는 곳입니다. 정면에서 마주보는 것을 피하고 상대와 심리적 · 공간적으로도 가까워집니다. 상대방에게 위압감도 주지 않는 자리입니다.

이 자리에 앉는다는 것은 진지한 자세를 보이면서 상대의 이야기를 차분하게 듣고 싶고 되도록 일을 원만하게 마무리하고 싶은 심정을 나타냅니다. '되도록 차근차근 네 이야기를 듣고싶다'는 부드러우면서도 차분한 말이 절절하게 느껴지는 위치 관계입니다.

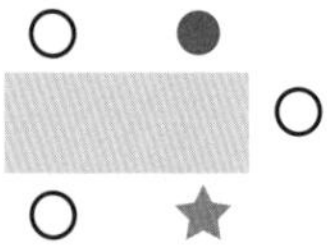

B: 테이블을 사이에 두고 그녀와 정면에

실제로 많은 경우가 이 자리를 선택합니다. 그러나 심리학적으로 정면의 위치는 '적대 관계'를 의미합니다. 상대에게 위압감을 주면서 의논을 하는 자리에 어울린다고 할 수 있습니다.

상대와 진지하게 대화를 나누면서 설득하고자 한다면 이 자리가 가장 좋습니다. '왜?' 라는 질문을 끊임없이 상대에게 퍼붓는 화법이 효과를 발휘하는 위치 관계이기도 합니다.

C: 테이블을 사이에 두고 서로 비스듬하게 마주 본다

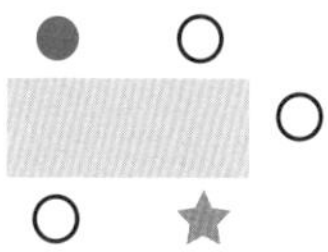

상식적으로 이렇게는 잘 앉지 않습니다. 공간적으로도 엇갈리는 위치 관계이며, 대화도 그다지 잘 통하지 않는 자리입니다. 그렇지만 상대가 마주하기 싫은 사람이거나 대화가 잘풀리지 않을 것 같을 때, 옆자리에 물건을 놓는다는 핑계로 일부러 이런 위치 관계를 선택한 적이 없습니까? 그렇습니다. 이 자리는 이야기 나눌 화제로부터 가능하면 멀어지고 싶은 심리가 깔려 있는 자리입니다. '그렇다면', '아, 그래 그래' 등 화제를 바꾸고 싶어하는 수식어가 자주 나오는 자리가 바로 여기입니다.

D: 그녀의 바로 옆자리

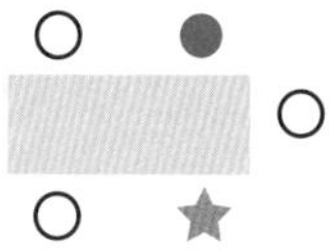

이 위치 관계는 심리학적으로 '협조 관계'를 의미합니다. 옆으로 나란히 앉은 사람끼리 감정적인 공감이 쉬운 위치이기도 합니다.

이것이 개인적인 장소, 특히 남녀간의 관계라면 어떻게 될까요? 남자가 이 자리에 앉을 경우에는 뭔가 속으로 원하는 것이 있든가 상호간에 믿을 수 있는 신뢰감이 있을 경우입니다.

여기에서는 이 두 가지의 의미가 모두 담겨져 있습니다. 마루타의 대사에도 두 사람의 관계 회복을 기대하는 동정심을 불러 일으키는 말들이 드문드문 들어 있습니다. 하지만 그의 마음이 약하기 때문에 '~이겠지만', '~일지도 몰라' 하는 표현 등으로 끝이 모호해지는 것도 당연합니다.

이렇게 사람의 마음과 위치 관계는 밀접한 관계가 있습니다.

상대방에게서 무엇을 얻고자 하는 것에 따라 어디에 자리를 잡아야 하는지를 알 수 있다면 당신은 이미 인간관계에서 유리한 고지를 차지한 것입니다.

7

누구부터 사전 협상을 해야 하나?

일본 상사에 취직한 지 3년이 되는 마이클은 자기가 제안한 해외 프로젝트를 추진하기 위해 사내에서 사전 협상이 필요 하다는 것을 알게 되었습니다. 그러나 일본과는 다른 환경에서 살아 온 마이클로서는 말의 의미는 알겠지만 어떻게 해야 하는지 전혀 감을 잡을 수 없었습니다. 그래서 같은 회사에서 근무하는 선배인 로버트에게 도움을 청했습니다.

마이클이 로버트에게 들은 바에 따르면 사전 협상을 해야 할 다른 부서 사람은 모두 4명입니다. 사업 총괄부의 고가와 과장, 해외 사업부의 다카다 과장, 총무부의 스즈키 과장, 그리고 특별 프로젝트 추진팀의 야마모토 과장이 그들입니다. 이 4명에게 사전 협상을 통해 프로젝트 추진을 위한 협력을 부탁하지 않으면 안 됩니다.

그렇다면 누구부터 사전 협상을 하면 좋을까요? 어떻게 설득해서 협력을 얻어내면 좋을까요? 로버트는 마이클에게 프로젝트의 내용이나 순서, 각 부서의 역학 관계 등도 중요하지만, 먼저 4명의 과장들의 업무 스타일이나 인품 등을 고려해야 한다고 충고했습니다. 로버트가 마이클에게 이야기해 준 4사람에 대한 인물 평가는 다음과 같습니다.

① **고가와 과장** 업무에만 열중하는 타입으로 목표 달성을 위해 치밀한 계획을 세워 부하를 지도한다. 자신의 목적을 달성하고자 한 나머지 가끔 인간관계에서 마찰을 일으키는 경우도 있다.

② **다카다 과장** 업무 목표의 달성보다는 주위 사람들과의 인간관계를 더욱 중시하는 타입이다.

③ **스즈키 과장** 업무에 대한 달성 의욕도 크지만 한편으로는 주변 인간관계의 조화도 중시하는 타입으로, 솔선수범하는 자세로 리더십을 보여 주기도 하지만 부하에 대한 배려도

잊지 않는다.

④ **야마모토 과장** 업무상의 목표 달성에 그리 적극적이지 않다. 주위 사람들과의 인간관계에도 비교적 둔감하고 부하관리도 엄격하지 않으며 자유롭게 일을 시키는 타입이다.

이러한 인물 관찰 결과가 문제를 해결할 수 있는 핵심 열쇠가 된다면서, 로버트는 마이클에게 자신만만하게, "자, 사전 협상은 이런 순서로 해야 해." 하고 말했습니다.

"어떻게 이런 순서가 나온 거야?"

로버트의 제안에 마이클은 아직도 어리둥절합니다. 로버트는 마이클에게 뭐라고 했을까요? 당신이 로버트가 되어서 대답해 보십시오. 도대체 누구부터 사전 협상을 시작하는 것이 좋을까요? 로버트의 네 사람에 대한 관찰 결과가 도대체 어떤 힌트가 된다는 것일까요?

인물 평가의 결정적 수단

대답을 서두르기 전에 '리더십에 관한 PM 이론'을 살펴보도록 합시다.

PM 이론이란 리더로서의 행동 패턴을 다음 2가지 관점에서 분석한 것입니다.

1. 목표 달성 기능(perfomance function=P)

업무상의 목표를 달성하고자 하는 의욕이나 그것을 위한 행동

2. 집단 유지 기능(maintenance function=M)

조직의 화합이나 체제를 유지하기 위한 발상이나 행동

이 2가지의 기준에 따라 그 사람이 어떤 타입인지 파악할 수 있습니다. 대부분의 사람은 P와 M의 성향을 어느 정도 가지고 있는가에 따라서 다음 4가지 타입으로 크게 나눌 수 있는데,

① **P가 높고 M이 낮은 사람(P형)** 업무 목표를 달성하는 것이 무엇보다 중요하다고 생각하고, 그러기 위해서는 인간관계가 서먹서먹해지는 것도 어쩔 수 없다고 생각하는 타입.

② **M이 높고 P가 낮은 사람(M형)** 업무 목표를 달성하는 것보다 주위 사람들과의 인간관계와 조화를 중요하게 생각하는 타입.

③ **P도 M도 높은 사람(PM형)** 업무의 목표 달성도 중요하게 생각하지만 주위 사람들과의 인간관계와 조화도 배려하는 타입.

④ **P도 M도 낮은 사람(pm형)** 업무의 목표 달성에도, 사람들과의 인간관계에도 적극적인 자세를 보이지 않는 타입.

앞에서 나온 4명의 과장은 이 4가지 타입의 전형적인 사람들로, 고가와 과장은 목표 달성을 위해서라면 다소 인간관계가 희생되

생되더라도 어쩔 수 없다고 생각하는 P형, 다카다 과장은 목표달성보다도 인간관계를 먼저 배려하는 M형, 스즈키 과장은 목표 달성도 인간관계도 중요하게 생각하는 PM형, 야마모토 과장은 목표 달성이나 인간관계 어느 것에도 적극적인 자세를 보이지 않는 pm형입니다.

자, 이제부터 중요한 것은 이 'PM 이론' 으로 주위 사람들을 분석하여 사전 협상 상대로 누구를 먼저 택해야 하는가를 결정하는 것입니다.

이것이 사전 협상의 지름길이다

PM 이론에 따르면 목표 달성도, 인간관계도 중요시하는 PM형이 비즈니스 세계의 인간형으로 가장 이상적이라고 합니다.
그렇다면 가장 먼저 만나야 할 사전 협상 대상도 PM형일까요?
대답은 '절대로' 아닙니다.

사전 협상이란 '사전에 어떻게 협력을 얻어낼까' 하는 것이 최대의 목적입니다. 사전에 협력을 얻기 위해서 가장 어려운 점은 가장 이의를 제기할 가능성이 많은 상대를 어떻게 설득하여 예측

되는 반대 활동을 억제할 수 있을까 하는 점입니다.

이런 관점에서 본다면 자신의 업무만 중요하게 여긴 나머지 가끔 다른 사람을 생각하지 않는 P형, 즉 고가와 과장을 가장 먼저 만나서 설득하여야 마이클이 원하는 방향으로 프로젝트를 실행해 나갈 수 있을 것입니다. 이와는 반대로, 사전 협상을 가장 마지막에 해도 좋을 만한 타입은 업무의 달성 의욕 면에서도 인간관계에 대해서도 비교적 무딘 pm형, 즉 야마모토 과장입니다.

그렇다면 남은 PM형과 M형 중에서 사전 협상의 순서로 누가 먼저일까요? M형은 업무상의 목표를 달성하는 것에 별로 구애받지 않습니다. 주위 사람들과의 인간관계에 문제가 일어나지 않는다면 목표 달성이 다소 불만족스러워도 상관없다고 생각하는 타입이라고 할 수 있습니다. 무리한 내용의 사전 협상을 용납해서 자신의 목표 달성에 영향을 끼칠 수도 있지만 그보다는 사전 협상을 하고 있는 상대와의 인간관계를 더 중요하다고 생각하는 경향이 있기 때문에 사전 협상을 벌이는 측에서 본다면 비교적 다루기 쉬운 상대입니다. 이런 사람은 사전 협상의 순서를 늦췄다고 해서 불평을 할 사람이 아닙니다.

그렇다면 M형인 다카다 과장을 세 번째의 사전 협상 대상으로 하는 것이 더 좋은 결과를 가져올 것입니다. 왜냐하면 PM형은 인간관계에도 나름대로 배려하는 사람이지만, 일의 목표 달성에도 집착하는 타입입니다. 목표에 집착한다는 말은 서투른 사전 협상을 용납해서 업무에 지장이 생길 것 같으면 결코 좋은 대답을 하지 않는다는 의미로 그만큼 까다로운 타입입니다.

다시 한번 정리하면 사전 협상의 순서로서는,

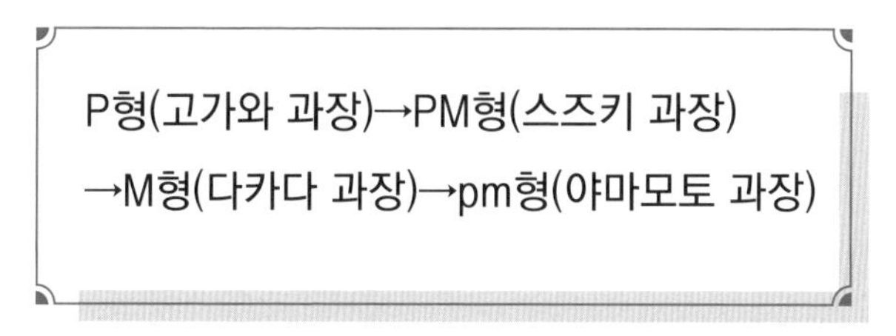
P형(고가와 과장)→PM형(스즈키 과장)
→M형(다카다 과장)→pm형(야마모토 과장)

이라는 결론이 나옵니다.

PM 이론에 의한 타입 구분을 도식화하면 다음과 같은 모양이 그려지는데, 보시는 것처럼 사전 협상의 순서는 우측 아래부터 시계 방향과는 반대되는 방향으로 진행하는 것이 이상적이라는 결론이 나옵니다.

PM 이론에 따른 리더십 모형

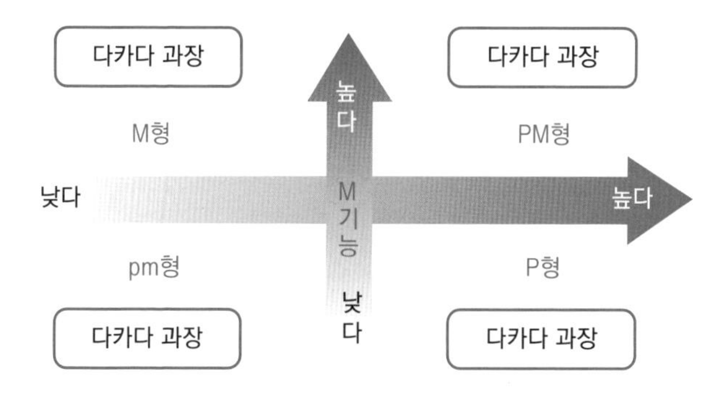

PM 이론으로 사람을 움직인다

♧ **P형 타입** 자신의 출세를 위해서는 수단 방법을 가리지 않는 경향이 강한 타입이므로 설득할 경우에 권모술수를 쓰는 것 같은 말을 사용하면 쉽게 끌려옵니다. 사람을 마치 장기의 말처럼 움직이게 하는 것이 좋습니다. 예를 들어 '○○ 씨가 이런 말을 했는데요' 하는 말 속에 상대 라이벌의 이름을 끌어들여 경쟁 의식을 불러일으키는 겁니다. 단 당신이 파벌 경쟁에 휘말릴것 같은 부적절한 발언은 주의해야 합니다.

♧ **PM형 타입** 업무에도 의욕적이지만 주위 사람들과의 인간관계에도 신경을 쓰는 타입이라 지도자 기질이 있다고도 할 수 있습니다. 이런 상대는 정열적으로 부딪치는 편이 좋습니다.
'……합시다!' '……하도록 해 주십시오!' '저도 꼭 부탁드립니다!' 등 마지막에 '!' 를 붙여 말하는 것이 상대의 마음을 움직이는 열쇠가 됩니다.

♧ **M형 타입** 업무보다도 개인적인 시간이나 교제를 중요하게 생각합니다. 이런 타입은 업무 이외의 대화로 라폴(마음의 접촉)을 만드는 것이 중요합니다.

'자녀들은 건강합니까?' '언제 한번 사모님이 만드신 요리를 먹어 보고 싶네요'등의 개인적이고 부드러운 말로 상대방의 마음속 깊이 파고 들어가면 의외로 유대감이 깊어질 수 있습니다.

♧ **pm형 타입** 일에도 인간관계에도 별 관심이 없는 타입입니다. 이런 사람을 설득할 때는 1 대 1의 직접 담판이 적당하지만 너무 격식을 차린 자세는 좋지 않습니다. 이런 타입은 술집같은 곳에서 한잔 마시며 대화를 하는 것이 좋습니다.

부드러운 대화를 나누면서 상대방의 마음이나 입장에 대한 배려를 보여 줍니다. '그거야 그렇지요', '○○ 씨가 말씀하신 대로입니다.' 이런 다소 과장이 섞인 격려나 동정하는 말이 효과적입니다.

8

범인은 누구인가?

이번에는 경찰이 되어 살인 사건의 범인을 찾아 보기로 합시다.

대학교 3학년인 21세의 사사키가 타살로 추정되는 시체로 자기 방에서 발견되었습니다. 현장에서는 사건의 중요한 단서가 될 것 같은 피해자 사사키의 일기가 발견되었습니다.

일기에는, '○월 ○일, 간다 녀석……' 이라는 글이 적혀 있었습니다. 그런데 곤란한 것은 살인 사건의 유력한 용의자로 지목

된 간다가 2명이라는 점입니다.

한 사람은 '간다 요이치'로 22세이고 다른 한 사람은 '간다 히로시'로 21세인데, 두 사람 모두 사건 당일의 알리바이가 없었습니다. 요이치는 사사키의 중학교 동창생이고, 히로시는 고등학교 동창으로, 요이치와 히로시는 서로 안면이 있는 정도일 뿐 친한 사이는 아닙니다.

조사해 보니 두 사람 모두 1회 정도 불법적인 아르바이트를한 경험이 있었습니다. 같은 아르바이트를 요이치와 히로시가 따로따로 하고 있었던 겁니다.

경찰 조사에 따르면, S가를 세력권으로 삼고 있던 조직이 마약 밀매를 하고 있었는데, 요이치와 히로시는 마약 운반하는 일을 '좋은 아르바이트가 있다'는 말로 따로따로 권유받아 했던 것입니다.

하지만 두 사람 모두 마약을 운반한 것은 한 번뿐이었고 그 이후에는 한 흔적이 없었습니다.

거짓말을 하고 있는 사람은 과연 누구인가?

두 사람은 유력한 용의자로 조사를 받게 되었습니다. 조사 과정에서 간다 요이치는,

"자루 안에 들어있는 것이 마약이라는 것을 알고 정말 큰일났다고 생각했습니다. 그렇지만 이미 착수금으로 받은 돈은 다 써버렸기 때문에 어쩔 수 없다고 생각했습니다. 게다가 해야 하는 일은 자루를 몇 번 실어 나르는 정도로, 위험을 무릅쓴다고 하기에는 비교적 간단한 일이었습니다. 솔직하게 말해서 수지맞은 일이라고도 생각했습니다. 하지만 두 번 다시 하고 싶은 일은 아니어서 조직 사무실로 가서 이번만 하겠다는 말을 했었습니다. 히로시도 나와 같은 일을 했다는 것은 조직 사무실에 들렀을 때 처음 알았습니다." 하고 진술했습니다.

한편 간다 히로시는,

"권유는 요이치와 따로따로 받았습니다. 저도 그 녀석이 나와 같은 일을 하고 있다는 것을 알게 된 것은, 일을 또 하라는 권유를 거절한 후였습니다. 저도 그런 좋지 않은 일을 한 것은 그때가 처음이자 마지막이었습니다."

그런데 살해된 사사키가 남긴 일기에는 이 두 사람 중 누군가가 사사키에게 같은 아르바이트를 하도록 권유했다고 적혀 있었습니다.

"간다에게 재미있는 아르바이트가 있다는 말을 들었다. 내일 그곳에 가서 사람을 만나 볼까 생각한다."

그리고 3일 후, 즉 사사키가 살해되기 하루 전 일기에는,

"뭐가 재미있는 아르바이트라는 거야! 간다 녀석, 나한테 그런

아르바이트나 소개시켜 주고, 도대체 어떻게 된 녀석이야. 어떻게 해야 하나? 경찰들이 알게 된다면 큰일이 날 텐데. 그렇다고 대신 일해 줄 녀석도 없고. 아무래도 간다에게 못 하겠다고 말할 수밖에 없을 것 같군. 그렇다 해도 간다 녀석, 너무하는 거 아냐?"

이 살인 사건의 열쇠는 사사키가 일기에 쓴 '간다'가 쥐고 있음에 틀림없습니다. 그 '간다'가 과연 요이치일까요? 아니면 히로시일까요?

돈 때문에 마음이 움직이는 이유

요이치와 히로시 모두 자기가 일을 그만두는 대신 다른 사람을 데려오도록 조직 사람들로부터 강요받고 있었습니다. 한 가지 다른 점은 요이치는 아르바이트(?) 보수로 1만 엔밖에 받지 않았는데 히로시는 5만 엔이나 받았다는 점입니다. 조직 사람은 다음과 같은 사실을 증언하고 있었습니다.

"처음에는 요이치에게 1만 엔을 주기로 하고 부탁했었지요. 그런데 별로 구미가 당기지 않았는지 한 번만 일을 해 주고는 그만둔다고 하잖아요. 그래서 네 대신 일할 사람을 데려오라고 했는데도 좀처럼 데려오지 않았어요. 보스에게 말했더니 한 번 일해 주는 보수로 5만 엔을 줘도 좋다고 해서 히로시에게는 5만 엔을 주게 되었어요. 히로시 그 녀석, 처음에는 얼마나 좋아했었는데요. 그런데 히로시도 단 한 번 해 보고는 그만두겠다고 했어요."

자신은 해서는 안 된다고 생각하는 불법적인 일에 친구를 꾀어 결과적으로 살인 사건으로 이어지게 만든 사람은 1만 엔을 받은 요이치일까요? 5만 엔을 받은 히로시일까요?

가능성은 여러 가지로 생각해 볼 수 있습니다.

사사키의, "1만 엔밖에 받지 못하는 이런 위험한 일을 나에게 맡겨?" 하는 말에 간다 요이치가 발끈했을 수도 있습니다. 또 5만 엔을 받았던 간다 히로시도 위험한 일을 권유했다는 의미에서는 사사키에게 싫은 소리를 들었을 가능성이 있습니다. 더구나 히로시가 친구에게 똑같은 일을 시키면서 아르바이트 보수를 중간에서 가로채려 했을 가능성도 있기 때문에, 그것이 원인이 되어 싸움이 되었을 가능성도 배제할 수 없습니다.

물론 당신에게도 명석한 추리력이 있겠지만, 먼저 깜짝 놀랄만한 심리 실험 데이터를 보는 것이 좋겠습니다.

이것은 페스팅거와 칼스미스라는 두 학자의 심리 실험으로, 그들은 첫 번째 피험자 그룹에게 매우 하찮은 작업을 시키고 나서 이렇게 말했습니다.

"옆에서 대기하고 있는 두 번째 피험자 그룹에게 실험이 매우 재미있다고 말해 주시면 사례로 1달러를 드리겠습니다."

다시 말해서 하찮은 일을 재미있다고 거짓말을 해 달라고 시키면서 '뇌물'을 사용한 것입니다. 그런 다음 두 학자는 두 번째 그룹에게는 세 번째 피험자 그룹에게 똑같은 거짓말을 해 달라고 제의하면서 사례로 20달러를 주겠다고 했습니다. 이렇게 이 2개의 그룹은 거짓말을 하게 되었지만, 그들에게 지급된 사례 금액은 서로 달랐습니다.

실험이 모두 끝나고 난 후 '1달러 그룹'과 '20달러 그룹' 모두에게, " 이번 실험은 재미있었습니까?" 하고 물어보았습니다.

여기서 매우 흥미로운 결과가 나왔는데 이 두 개의 그룹에서 각기 다른 대답이 나온 것입니다. '1달러 그룹' 사람들은 대부분 재미있었다고 대답했는데, '20달러 그룹' 사람들은 대부분 재미없었다고 대답했습니다. 왜 이런 차이가 나타났을까요?

심리학적으로는 이런 결과는 이렇게 해석할 수 있습니다.

'1달러 그룹'은 겨우 1달러를 위해 재미없는 일을 한 자신에게 불쾌감이 남아 있었기 때문에 불쾌감을 해소하기 위해 마음속에서 자신의 행동을 정당화하려고 합니다.

'아니야, 그 일은 재미있었어. 그래서 단 1달러에도 난 그 일을 받아들였던 것이야.'

스스로에게 그런 말을 들려 주면서 마음 속의 꺼림칙함을 없애려고 합니다. 그래서 실험 후의 질문에도, "아니요, 재미있었어요." 하고 대답했던 겁니다.

이와는 반대로 '20달러 그룹'은 비록 일은 하찮았지만 대가로 20달러나 받았기 때문에 스스로 납득하고 있습니다. 그래서 '1달러 그룹'과는 달리 마음 속에 불쾌감이나 꺼림칙함이 없습니다. 20달러라는 만족이 이미 수중에 들어와 있기 때문에 새삼스럽게 마음을 속이면서까지 재미있었다고 말할 필요가 없었고, 실험은 별로 재미없었다고 솔직하게 대답한 것입니다.

'1달러 그룹'에서 나타난 심리적인 불안 상태를 심리 용어로는 '인지적 불협화(認知的不協和)'라고 합니다.

우울한 심리의 정체

디시 사사키 살인 사건으로 돌아가도록 합시다.

이유가 어찌 되었든 마약 운반을 하게 된 간다 요이치와 간다 히로시는 모두 위험하다는 것을 느껴 그 일을 그만두고자 했습니다.

하지만 당시 두 사람의 마음 상태가 같은 것은 아니었습니다.

겨우 1만 엔을 받고 위험한 일을 해야 했던 간다 요이치는 '왜 이런 위험한 일을 해야 하나?' 하는 후회가 강했습니다. 한편 5만 엔을 받았던 간다 히로시는 요이치에 비해 그런 후회가 적었습니다.

만약 간다 히로시가 같은 일에 누군가를 꾀고자 했다면 '간단한 일이지만 한 번 해 주면 5만 엔을 받으니 꽤 짭짤하다'는 말로 권유했을 수 있습니다. 간단한 일을 하는 아르바이트치고는 꽤 많은 보수를 받았기 때문입니다. 다시 말해서 마음 속에 인지적 불협화가 없기 때문에 굳이 자신의 마음을 속이면서까지 말을 할 필요가 없었습니다.

그러나 별로 구미가 당기지 않는 일을 했다고 생각하는 요이치는 마음 속에 일어난 인지적 불협화를 해소하기 위해 자신에게도 '나는 하찮은 일을 한 게 아니야'하고 생각하며 스스로를 위로했을 가능성이 높습니다. 따라서 누군가에게 권유할 때도
'진짜 재미있는 일이 있는데' 하는 말로 자기를 유혹할 때 조직 사람들이 한 말 그대로를 늘어놓지 않았을까요?

결국 이 사건을 심리학적으로 분석해 보면 범인은 1만 엔을 받은 요이치라는 추리가 성립하게 됩니다. 당신의 의견은 어떻습니까?

설명이 꽤 길어졌습니다만, 이러한 인지적 불협화 이론을 주위 사람들과의 인간관계에 적용시킨다면 어떤 결과가 나올 수 있을까요?

예를 들어 당신이 동료에게 업무적인 도움을 받고 싶다면, '부탁한다, 부탁해! 내가 커피 한 잔 살게!'하며 억지로 승낙을 얻도록 합니다. 당연히 상대방은 '고작 커피 한 잔으로?' 하는 생각을 하며 당신을 뻔뻔한 사람으로 여길 것입니다.

그러나 여기서는 사소한 사례를 제시한다는 것이 중요합니다. 상대방은 내심 '이런 부탁을 겨우 커피 한 잔으로 응해 준 나도 참 사람 좋다'며 자조적인 기분이 들지만, 마음 한 구석에서는 '뭐, 좋은 일을 해 두는 것도 좋잖아'하는 마음으로 스스로를 납득시키게 됩니다. 괜히 '근사하게 한턱 낼게'등의 어설픈 허세는 부리지 않는 편이 좋습니다. 인색하다 싶을 정도로 '사소한 보수'를 제시하는 것, 그것이 인지적 불협화를 이용한 심리적 최면 대화인 것입니다

4

사람의 마음을 사로잡는 심리 대화 용어

9 임기응변으로 해결한다

이제부터는 심리 대화에 대한 이론적인 면보다는 실제적인 상황에서 사용할 수 있도록 구체적인 활용을 소개하도록 하겠습니다.

『악마의 사전』으로 알려진 A. G. 비어스는, "언어(Language)란 타인의 보물을 지키고 있는 뱀들을 감쪽같이 유혹할 때 사용하는 음악이다."하고 말했습니다. 세상에는 뱀처럼 벅찬 상대가 있습니다. 당신을 큰 소리로 호통치는 상사가 그 예일지도 모릅니다.

그런 두려운 뱀조차도 기분 좋게 만들어 버릴 수 있는 유혹의 멜로디가 '언어'입니다.

심리적 최면 화술이란 상대가 들으면 들을수록 마음을 빼앗겨 버리는 마력을 감추고 있는 회화법입니다. 입을 열면 상대의 몸과 마음 속에 스르르 스며드는 언어의 묘약 같은 것입니다.

맞장구치는 말로 마음을 연다

앞에서 말한 바와 같이 '맞장구'를 친다는 것은 상대방의 말을 잘 듣고 있음을 나타내는 동시에 그의 마음에 동감한다는 표시이기도 합니다. 따라서 맞장구는 종종 상대방의 마음을 여는 열쇠가 되고는 합니다.

그렇다면 이제부터는 말을 이용한 맞장구에는 어떤 것들이 있으며, 그 의미는 무엇일까를 알아 보겠습니다. 이것들을 상황에 따라서 어떻게 구분하고 사용할까를 결정하는 것은 대화의 효과를 높이는 중요한 사항이 됩니다.

① **동감의 맞장구:** '과연', '오호', '정말'

맞장구치는 말 중에서 상대에 대한 영향력이 가장 적습니다. 그러나 상대의 친화 욕구(다른 사람에게 가까이 가고 싶다는 심리)를 높이거나 라폴(마음의 접촉)을 만들 때 없어서는 안 될 요소가 여기에 들어 있습니다.
상대에게 좀더 공감한다는 마음을 전달하기 위해서는 '과연', '오호'라는 짧은 말을 단독으로 사용하는 것보다 그 뒤에 말을 이어주는 것이 효과적입니다.

과연, 잘 알았습니다.'
'오호, 그거야 그렇지요.'
'정말, 말씀하신 대로입니다.'

동감의 맞장구에서도 세련된 기법으로 상대의 말을 적당한 때에 받아서 '…… 이군요' 하고 말하는 것이 있습니다.
"그 일은 정말 너무했던 것 같아요. 뭐라고 할까…… ." 이처럼 상대방이 표현하고 싶은 말을 찾고 있을 때, 일부러 끼어들어 말하지 말고 상대방이 말하기를 기다립니다.
"뭐랄까, 왠지 거짓말을 한 것 같기도 하고 …… ." 하면서 상대방이 자신의 생각이나 감정에 대해 정의를 내리면, 그때, "그랬었군요, 저런." 하고 말하는 겁니다. 이것은 상대방과의 일체감을 높이는 데에 매우 효과적입니다.

② **경탄의 맞장구:** '네에?', '와아', '대단하군요'
적절한 표정과 함께 말의 억양을 강하게 하는 것이 효과를 높여

줍니다. 예를 들어 '네에?'에서는 '에'음에 힘을 줍니다. 자신이 평소에 사용하고 있는 음의 높이보다 반음 정도 올리는 것이 좋습니다. '와아'의 경우에는 '와'음보다는 '아'음에 강조를 주면서 말하면 경탄의 느낌을 좀더 강하게 전달할 수 있습니다.

최근에는 '정말로', '진짜'와 같이 경탄의 느낌을 좀더 강조하는 표현이 많이 쓰이고 있습니다. '대단하다'고 표현할 수 있는 경우를 '굉장해'로 표현한다면 느낌이 강조되는 것과 마찬가지 입니다. 이밖에도 '설마', '뭐?'와 같이 의문형을 사용하여 좀더 강한 경탄의 맞장구 느낌을 줍니다.

③ **관심의 맞장구:** '그래 그래', '그래서?', '으응'

이런 맞장구는 상대방이 하는 말을 흥미진진하게 듣고 있다는 것을 보여 줍니다. 여기서 '으응'은 입으로 내는 말이라기보다 콧소리 정도의 느낌입니다. 하지만 이런 말은 너무 자주 사용하면 상대방에게 겉치레로 보일 수 있으므로 주의가 필요합니다.

'그래 그래'와 같은 말은 마지막에 '래'를 올려서 말하면 관심을 보이는 것처럼 느껴지며 그 다음 말을 재촉하는 듯한 효과가 나옵니다. 이런 말은 비슷한 나이거나 나보다 어린 사람과 가볍게 대화를 이끌어 갈 때 효과적입니다. '그래서?'는 때에 맞춰 말하는 것이 중요한데, 말끝의 억양을 올리면 거만한 인상을 줄수도 있는 말이기 때문에 조심해서 사용하여야 합니다.

④ **동정의 맞장구:** ' 저런 저런' , '그렇지요' , '그렇습니까?'

맞장구의 말 중에서도 감정이입이 가장 많이 돼야 하는 표현으로 가장 어려운 맞장구법이기도 합니다. 이런 맞장구법을 사용할 때는 말끝을 얼버무리는 듯이 말하는 것이 좋습니다. 여운을 남기면 표현이 좀더 강조되기 때문입니다. 그러기 위해서 입에 집게손가락을 대고 '쉿'하고 말할 때처럼 무성음으로 말을 하는 것이 요령입니다. 소곤소곤 속삭일 때의 느낌입니다. 여기에 '그렇습니까?' , '그건 그렇지요'하고 말하면서 미간에 주름이라도 살짝 잡는다면, 상대방의 마음을 그대로 이해한다는 듯한 표정으로 보일 수 있습니다.

칭찬해 주는 말로 심리를 자극한다

> **'굉장하군요.'**
> **'멋지네요.'**
> **'대단하군요.'**

이처럼 칭찬해 주는 말은 열거하자면 끝이 없습니다. 또한 이런 칭찬의 언어가 대화에서 끼치는 효과도 새삼스럽게 설명할 필요가 없을 정도입니다. 문제는 상대방에게 어설프게 아첨하는 말로 받아들여지지 않도록 해야 한다는 점입니다.

특히, 자의식이 강한 사람은 노골적인 칭찬에 기뻐하기보다 기분 나빠하기가 쉽습니다. 바로 이 점이 칭찬해 주는 말을 사용하기가 어려운 이유입니다. 따라서 칭찬해 주는 말은 정확하고 적당한 말을 어떻게 선택하는가가 중요합니다.

여기에서는 특히 칭찬해 주는 말을 사용하지 않고도 상대를 기분 좋게 할 수 있는 방법을 소개해 보겠습니다.

업무 때문에 만나게 된 상대가 매우 고급스러운 시계를 차고 있을 때, 노골적으로 비싸 보인다고 하는 것보다는 이렇게 말하는 것이 상대방을 더 기분 좋게 할 수 있습니다.

"좋은 시계를 차고 계시는군요." (처음에는 칭찬하는 말이라기보다 인사 정도로 시작합니다.)

"뭐, 그다지 좋은 시계는 아니지만 쓸 만하기는 합니다." (상대방은 겸손한 듯 보이기는 하지만 그다지 듣기 싫은 소리는 아닌것 같습니다.)

"꽤 좋은 상표인 것 같은데요?"(짐짓 모르는 것처럼 묻습니다.)

"아, 이거요? (상대방은 무심한 것처럼 대답하지만 내심 그 질문을 기다리고 있었을 겁니다.) ㅇㅇ라고 하던가?"

"ㅇㅇ라면 꽤 비싼 제품 아닌가요?"(드디어 당신이 핵심으로

다가가면 상대의 얼굴은 갑자기 변하기 시작합니다.)

"저로서는 좀 무리를 한 것이죠, 하하하."

별로 자랑하고 싶지 않았는데 당신이 끈질기게 물어 봐서 얘기할 수밖에 없었다면서 합리화의 심리가 훌륭하게 작용하고 있습니다. 칭찬해 주는 말을 하지 않고도 멋진 칭찬 효과를 발휘하는 대화이기도 합니다. 이런 방법이라면 말을 잘못하여 어설프게 칭찬해 주는 꼴이 될 일은 없겠지요? 제대로 표현할 줄 모르는 사람에게 있어서는 그야말로 안성맞춤인 방법입니다.

여자친구가 머리 모양을 바꾸었다면 먼저, "어? 머리 모양을 바꾸었구나." 하고 한마디 건네 보십시오. 그녀의 기뻐하는 모습을 보게 될 것입니다.

동요시키는 말로 불안감을 일으킨다

대부분의 사람들은 불안감을 가지게 되면 누군가와 함께 불안감을 나누고 싶어합니다.

닷튼과 아론이라는 학자는 이것과 관련해서 흔들리는 다리 위를 걷는 사람들은 그렇지 않은 사람들보다 감정이 고조되어 이성에 대해 높은 관심을 보인다는 실험 결과를 발표했습니다. 이 처럼 상대방을 동요시키는 말을 해서 상대방으로 하여금 흔들다리를 건너가고 있는 듯한 착각을 불러일으켜 당신이 원하는 방향으로 이끌어 나갈 수 있는 방법이 있습니다.

일부러 상대방이 모를 것 같은 화제를 꺼내서,
"저번에 그 얘기는 좀 엉뚱하지 않니?"
"무슨 얘기?"
"아직 모르고 있구나?"

이런 대화법은 상대방의 무지(無知)를 이용한 것으로, 상대방이 모르고 있는 일에 대해 정보를 주려는 것이 목적은 아닙니다. 그것보다 '실은 이런 일이 있었거든' 하는 식의 말로 상대를 당신이 원하는 방향으로 끌어들일 기회를 만드는 것이 목적입니다. 한층 세련된 표현에는 다음과 같은 것도 있습니다.

사적인 부탁을 하려는 상사가 부하직원에게 ,
"어이, 자네 요즘 좀 이상해." 하고 말을 겁니다.
자신은 평소와 다름없다고 생각하고 있는 부하직원은 다소 뜻밖의 말을 듣고 뭔가 잘못된 일이라도 있는지 걱정부터 앞섭니다.
"네? 무슨 말씀이십니까?"
아무리 생각해 보아도 특별히 잘못한 게 없다고 여겨지는 부하직원은 약간 퉁명스럽게 대답할지도 모릅니다. 이런 부하직원의 말투가 마음에 들지 않더라도 아직 화를 낼 때가 아닙니다. 어디까지나 상대를 불안에 빠지게 하는 것이 목적이기 때문입니다.

"아니, 내가 잘못 생각한 것인지도 모르겠네. 요즘 몸이 안 좋아 보이길래."

이렇게 대답을 하면 부하직원은 어떤 생각을 하게 될까요?

'내 건강 상태야 항상 비슷하고, 설마 상사가 진정으로 내 몸을 걱정해 주는 것은 아닐 테니 업무상의 일을 건강에 빗대어 은근히 질책하는 것이 아닐까?'

대개 이런 식으로 받아들이게 됩니다. 여기서 더 나아가 부하직원은 '내 업무 능력이 그렇게 형편없었을까? 뭐가 문제지? 저번의 그 일 때문인가?' 등 사소한 일까지 순간적으로 떠올리게 됩니다. 바로 이때가 무언가 부탁할 것이 있는 상사에게는 절호의 기회입니다.

"뭐, 특별한 일은 아닌데 말이야." 하고 대수롭지 않게 말을 꺼낸뒤, "실은 개인적인 일로 미안하네만, 오늘 오후에 구청에 가서 서류 몇 가지 제출할 일이 있는데 말이야."

여기까지 듣고 난 부하직원은 안도의 한숨을 내쉬게 됩니다.

'뭐야? 업무적인 일이 아니잖아'하고 생각하며, "뭐 큰일도 아니네요. 몇 시에 가면 됩니까?" 하고 묻게 됩니다.

그때까지 그의 마음을 사로잡고 있던 불안한 심리가 일시에 해소되고 상사에게 친근감마저 느껴집니다. 그래서 평소 같으면 거

거절할 수도 있는 부탁을 아무렇지도 않게 승낙하게 됩니다.

특히 연인 관계인 사람들에게는 이 방법이 탁월한 효과를 발휘합니다. 상대방이 움찔하는 사이에 당신의 요구를 말한다면 쉽게 들어줄 수밖에 없겠지요?

불안 요소를 먼저 제시한다

인간은 그리 단순하지 않기 때문에 상대에게 강하게 요구했다고 해서 간단하게 원하는 바가 이루어질 리 없습니다. 강하게 요구하는 것보다는 오히려 '저 나름대로 생각해 보았는데'하는 전제를 붙여 살짝 허리를 구부린다면 모든 일이 순조롭게 진행될 가능성이 훨씬 높아집니다.

"가야 하나, 말아야 하나?"

사람들이 이런 식으로 결정을 하지 못하고 방황하는 이유는 가고는 싶지만 '나에게 손해가 되지는 않을까' 하는 의심이 마음에 족쇄를 채우기 때문입니다. 이런 경우에는 불안 요소를 당신이 먼저 화제로 삼는 것이 좋습니다.

특히 이런 방법이 효과를 발휘하는 경우는 청혼할 때라고 볼 수 있습니다.

"나는 번듯한 직장을 가지고 있는 것도 아니라서 당신을 고생시킬 수도 있을 거야. 가난한 생활을 한다는 것이 당신에게 있어서 결코 좋은 일은 아니라고 생각해. 그렇지만 나는 그런 생활속에서도 나랑 결혼하기를 참 잘했다고 생각할 수 있는 가정을 만들고 싶어."

나중에 돌이켜 생각해 본다면 멋쩍게 느껴질 만한 말이겠지만, 이 또한 훌륭한 심리적 최면 화법이라고 하겠습니다. 일방적으로 '결혼해 줘!' 가 아닌, 좋지 않은 조건도 제시하면서 그녀의 판단을 기다리는 겁니다. 듣는 입장에서는 자신이 생각할 수 있는 여지가 있는 만큼, 그 뒤에 내린 판단에는 스스로 납득하기가 쉽습니다.

하지만 위에 제시된 예와 같은 경우에서는 '미래에 대한 불안감' 이라는 불안 요소를 화제로 꺼내기 위해서는 '희생과 '만족' 이라는 판단 근거를 제시하는 것이 중요합니다. 당신에게는 분명 이런 저런 희생이 따를지도 모르지만 그 희생을 넘고 난 후에는 이런 만족감이 당신을 기다리고 있다 하는 말을 최대한 부드럽게 말해야 합니다.

영업사원이 자주 사용하는 세일즈 토크(sales talk)가 또 다른 예라고 할 수 있습니다.

"이 기종은 분명 기존에 사용하고 계신 기종에 비해 가격은 비싸다고 할 수 있습니다. 도입하고자 하실 때 회사 내의 반대가 만만치는 않을 것이라 생각합니다. 그렇지만 일단 한번 사용해 보시고 품질을 느껴 보신다면 비싼 기계라는 생각이 일시에 사라져 버릴 거라고 생각합니다. 도입을 추진하신 과장님께 모든 분들이 잘 했다고 할 겁니다."

어떻습니까? 그 기종을 도입해 보고 싶은 생각이 들지 않습니까?

애원의 말로 사로잡는다

마지막으로 '애원'입니다. 애원이란 말이 왠지 이상하게 여겨질지는 모르지만 상대를 불안하게 만들고 때로는 거침없는 권유를 하기도 하는 심리적인 최면 화술에서 인정에 기대는 애원이야말로 '심리적 최면 언어의 왕도' 라고 할 수 있습니다.

절대 아첨을 하라는 뜻이 아닙니다. 아첨은 아니지만 자연스럽게 상대방이 '이 사람을 위해서라면' , '역시 내가 없으면 안되겠구나' 하는 생각을 하도록 만드는 것입니다.

과로로 쓰러진 A는 의사로부터 1주일 정도 휴식을 취하라는 권유를 받고 병원에 입원하게 되었습니다. 정열적으로 활동해온 사람에게 있어서, 아무리 건강을 위해서라고 하지만 이런 휴식이 반갑지만은 않습니다. A의 입원실로 B가 문병을 왔습니다.

"이번에 천천히 휴식을 취하면서 몸을 보살피게나. 일에 관한것은 싹 잊어버리고 말이야. 회사일은C가 자네 몫까지 열심히 하고 있네. 일도 순조롭게 진행되고 있으니 걱정할 일은 없을 거야."

이 말은 A를 염려해 주는 듯한 말이지만 평소 열심히 일에 매달려 온 사람에게는 가슴에 비수를 들이대는 격이 됩니다.

'그렇구나, 내가 회사에 없어도 모든 일이 순조롭구나. 특별히 곤란한 일이 아무것도 없다니' 하는 생각에 비참한 생각마저 들게 합니다. 심하면 '지금까지 내가 걸어온 인생은 뭐였을까' 하며 심각한 우울 상태에 빠지게 될 수도 있습니다.

이와는 반대로 C는 같은 위로의 말이라도 이렇게 표현합니다.

"어이, 괜찮나? 회사에 자네가 없으니까 정신을 못 차리겠네. 이 침대에서라도 좋으니 뭔가 일을 해 주었으면 할 정도야. 어때, 전화선 끌어다 놓을까?(웃음) 농담이야. 하지만 정말 부탁하네. 하루라도 빨리 복귀하라고, 우리들이 힘들어 죽겠다니까."

이런 말을 듣는다면 풀이 죽어 있던 환자도 '빨리 힘을 내야 겠군' 하는 마음으로 돌아옵니다.

애원하는 말이란 다시 생각해 보면 '격려의 말' 이기도 합니다. 그 점이 단순한 아첨과 다릅니다.

그 밖에 자주 사용되고 있는 애원하는 말로는,

'자네를 믿고.'

'이 문제를 해결할 사람은 자네밖에 없네.'

'이제 자네에게 의지할 수밖에는 달리 방법이 없네' 등이 있습니다.

10

사람의 마음을 확실하게 사로잡는 바꿔 말하기 법칙

'심리적 최면 언어는 머리로는 이해가 되지만 정작 입에서 나오지 않는다' 면서 한탄하지 마십시오. 말을 잘한다고 자타가 공인하는 아나운서도 매우 많은 연습의 시간을 보냈기 때문에 그렇게 말을 잘할 수 있게 된 것입니다.

말이 서투른 당신에게도 심리적 최면 언어를 시기 적절하게 사용할 수 있게 해 주는 비책이 여기 있습니다.

지금부터 제시되는 표현법을 익혀둔다면 어떠한 상황에서도 당신은 '대화의 일인자' 가 될 수 있다고 확신합니다.

심리적인 거리를 좁혀라

TV나 잡지를 보면 유명인의 스캔들 기사가 자주 나옵니다. 그들은 얼마 전에 기쁨의 눈물을 흘리면서 결혼식을 올렸지만, 그 눈물 자국이 채 마르기도 전에 이혼 기자 회견에서 또다시 눈물을 흘리기도 합니다.

여기서는 그들의 사생활에 대해 거론하고자 하는 것이 아닙니다. 단지 그들의 기자 회견장을 잠시 돌아보겠습니다.

결혼 기자 회견에서는, "고지 씨의 성실하고 정열적인 모습에 제 마음이 사로잡혔습니다." 하며 상대 남성을 칭찬하던 여성이 얼마후 이혼 기자회견에서, " 그에게 더 이상 애정을 느낄 수가 없습니다." 하고 딱 잘라 말합니다. 여기서 우리가 주목해야 할점은 '고지 씨'에서 '그' 로 호칭이 바뀌었다는 점입니다. 마음이 멀어졌기 때문에 당연하다고도 할 수 있지만, 여기에는 또 다른 심리적인 최면 화법의 열쇠가 들어 있습니다.

'고지 씨' 라는 말은 고유명사이고 '그' 는 대명사입니다. 사람을 부를 때 고유명사와 대명사의 '심리적 거리' 에는 큰 차이가 있습니다.

당연히 '그' 라는 말보다 이름을 부르는 쪽이 거리감이 훨씬 적습니다. 그리고 똑같이 이름을 부르더라도 '고지 씨' 보다 '고지' 라고 부르는 것이 더욱 가깝게 느껴집니다. 이처럼 말에는 심리적 거리감이 멀어지는 말과 가까워지는 말이 존재합니다.

지시 대명사를 살펴보면 좀더 명확하게 알 수 있습니다. '저' , '그' , '이' 라는 3개의 단어는 거리감이 먼 순서로 나열되어 있는데,

'저 사람에 대한 일을 잊을 수가 없어.'

'그 사람에 대한 일을 잊을 수가 없어.'

'이 사람에 대한 일을 잊을 수가 없어.'

차이가 확연하지 않습니까? 이처럼 지시 대명사의 경우 심리적인 거리감과 공간적인 거리감을 직접적으로 느낄 수 있습니다.

현재형이나 과거형이라는 시제도 마찬가지입니다. '그를 사랑했다' 는 과거형보다 '그를 사랑한다' 는 현재형이 그와 그녀의 심리적 거리감을 가깝게 해 준다는 것은 말할 필요도 없습니다.

문제는 평상시 대화 속에서 눈앞의 상대에 대해 심리적 거리의 가까움을 어떻게 전할 수 있을까 하는 점입니다. '당신과나' 라는

말보다 '우리들' 이라고 표현하는 쪽이 상대에게 전해지는 친근감을 훨씬 증폭시켜 줍니다. 또 '이 말을 자네에게 말하지 않으면 안 된다' 는 말보다 '이 말은 자네에게 하고 싶다' 는 표현이 훨씬 상대방에게 다가가고자 하는 마음으로 느껴집니다.

문제와의 거리를 좁혀라

비즈니스 대화를 할 때에는 상대방과의 심리적인 거리감뿐만이 아니라 당신과 당신이 가지고 있는 '문제와의 거리' 를 좁히는 것도 중요합니다. 이것은 눈앞의 어떤 문제에 대해서 적극적인 자세로 대처하고자 하는가, 아니면 타인의 일처럼 거리를 두고자 하는가의 문제로, 당신과 문제와의 거리를 어떻게 설정하는가에 따라 해결 방법이 다르게 나올 수밖에 없습니다.

문제와의 거리가 좀더 가깝게 느껴질 수 있는 마법의 말들을 소개하겠습니다.

~하지 않으면 안 됩니다 → ~합시다

당신 부서에서 빨리 해결하지 않으면 안 될 현안이 있습니다. 상사도 그 현안에 대해서 해결을 서둘러야 한다는 것을 알고 있기 때문에 당신이 보여 주는 적극적인 자세는 매우 중요합니다. 이때, "그 건은 해결하지 않으면 안 됩니다." 하고 말하면 상사의 지시를 기다리는 소극적인 인상을 줍니다. 그것보다는 상사와의 심리적인 거리를 좁혀, "그 건에 대해 빨리 정리하도록 하죠." 하고 말해 당신도 그 문제 처리에 관심이 있다는 것을 보여 주는 편이 좋습니다.

다만, 상사가 소극적인 타입일 때 이런 표현은 상사에게 압력을 주는 것으로 보일 수 있습니다. 따라서 그런 타입에게는, "제가 한 번 맡아볼까요?" 하며, 당신이 그 건에 대해 전부 처리해 보겠다는 자세를 보여 주는 것도 한 방법입니다.

말씀해 주십시오 가르쳐 주십시오

당신이 모르는 부분을 선배에게 물어 보고 싶을 때, 가르침을 청하는 표현법은 열심히 배우고 싶어하는 당신의 자세를 확실하게 인식시켜 줄 수가 있습니다. 그러나 항상 이것이 적용되는 것은 아닙니다. 예를 들어, 당신이 지금 알고 싶은 것이 상사의 옛경험이라면 '말씀해 주십시오' 하고 말할 수는 있지만 '가르쳐 주십시오' 하는 것은 어색한 표현법입니다

어떤 일인데요? ~일 말씀입니까?

상대방에게 지적받은 문제에 대해 아직 납득이 가지 않을 때, '어떤 부분이 문제입니까?' 하고 표현하면 무뚝뚝한 느낌이 듭니다. 상대에 따라서는 '뭐야, 이 녀석. 나하고 싸움이라도 하자는 거야?'하고 생각할 수 있습니다.

이런 경우에는 다소 이해가 안 되는 부분이 있다면 일단 나름대로 해석해서 '~일 말씀입니까?' 하고 다시 물어 보는 편이 부드럽게 들립니다.

잘못 이해된 점이 있더라도 본인도 생각하고 있다는 자세를 보여 주는 것이 중요합니다. 알고 있으면서도 시치미를 떼고 있는 태도가 상대방의 신경을 가장 거슬리게 하는 태도입니다.

무리입니다 노력해 보겠습니다만

이 말은 설명할 필요도 없습니다. 다만 주의할 사항이 하나 있는데, 모든 일에 그저 '노력하겠습니다' 하는 말만 한다면 그야말로 속 보이는 일로, 스스로의 판단 없이 상사에게 아첨하는 것만을 생각하는 타입에게서 볼 수 있는 자세입니다.

이런 말을 할 때는 '노력해 보겠습니다만' 에서는 '만' 부분이 중요합니다. '노력합니다만, …… 점에 대해서는 검토의 여지가 있지 않을까요?' 하면서 노력하고 있는 와중에서도 문제점등에 대하여 구체적으로 파고드는 자세를 보여 주는 것이 좋습니다.

이런 표현법은 상대방에게 극적인 자세로 받아들여질 수 있으며 자칫 예상했던 결과가 나오지 않았을 때 책임을 피할 수 있게 해 줍니다.

재치 있는 말 한마디로 위기를 극복한다

"아, 그래, 그 건에 대해 자네는 어떻게 생각하나?"

"네, 저……."

중요한 거래처나 직급 차이가 많이 나는 상사가 불쑥 질문을 했을 때 미리 마음의 준비가 되어 있지 않은 경우라면 갑작스럽게 임기응변하는 것은 매우 어렵습니다. 그런 '즉흥적인 발언공포증'에 걸린 당신에게 안성맞춤인 해결책이 있습니다.

앞에서 소개한 앗슈라는 학자의 실험을 기억해 보십시오.

'따뜻하다' 는 한마디의 말이 함께 사용한 다른 표현에도 큰 영향을 주는 결과를 보였습니다. 그런데 이 '따뜻하다' 는 무릎이 쳐질 만큼 매우 편리한 형용사로, 상당히 용도가 넓고 표현하기에도 무난합니다.

'매우 따뜻하게 느껴지는 사람이에요.'

'따뜻한 가족이군요.

'방 분위기가 따뜻하군요.' 등이 그 예로 인물에 대한 평가나 사람이 있는 공간(가정이나 사무실)을 칭찬할 때에 그야말로 최적의 용어입니다. 이런 편리한 용어가 그 밖에도 얼마든지 있습니다.

▶ 신선하군요

사람들에게 '첫' 이라는 단어가 들어가는 것들은 매우 색다른 감정을 느끼게 합니다. 첫 데이트, 첫사랑, 처음 만난 사람 등 마음 설레고 기대감에 부풀어 오를 수 있는 '첫' 에 대한 감상을 표현할 때는 어설픈 칭찬보다는 이 한마디로 충분하게 감동을 전할 수가 있습니다.

▶ 센스가 있군요

운동, 예술, 패션 등의 분야에서 그다지 전문가적인 지식이 없을 경우에 이 한마디로 얼버무릴 수가 있습니다.

▶ 정말 눈이 높군요

상대방의 사물에 대한 감각이나 인물을 판단하는 안력(眼力)이 대단하다는 생각이 들었을 때, 구체적으로 어떤 점이 대단한지 모르더라도 '안목이 높으시군요'라는 말 한마디면 충분합니다.

▶ 고상하군요

평소 잘 접하지 못한 고급스러운 것을 보거나 체험했을 때의 감상으로 무난합니다.

▶ 좋은 공부가 되었습니다

별 관심이 없는 자료나 데이터 등을 받았지만 그에 대해 감상을 얘기해야 할 때, 또는 관심이 없는 문제에 어쩔 수 없이 깊이 관여하게 되어 그 관계자들에게 보고할 때 유용한 표현입니다.

▶ 정말 프로시군요

사회적으로는 별로 유명하지 않지만 어떤 분야의 전문가인 사람을 평가할 때 널리 사용할 수 있습니다. 정열적으로 일을 하는 샐러리맨들에게도 사용하면 좋은 효과를 거둘 수 있습니다.

▶ 잘 모르겠습니다만

전문 분야에서 꽤 실력을 갖춘 사람에게 질문이나 의견 제시등을 할 때 이런 표현을 쓰면 다소 요점과 빗나간 이야기를 하더라도 이해받을 수 있습니다.

▶ 잘 아시는 바와 같이

대화를 할 때 상대가 혹시 화제에 대해 모르고 있다 해도 이 말을 먼저 꺼내면 상대방의 입장을 세워 줄 수가 있습니다. 이 말은

'당신이 알고 있는 일을 새삼스럽게 말하기도 무엇합니다만' 이라는 뜻으로 당신의 겸손한 태도를 확인시켜 줄 수 있습니다.

뭐든지 말씀하십시오

상대방이 '실은 부탁드릴 일이 있습니다만' 하는 말을 한다면 지체하지 말고 바로 '뭐든지 말씀하십시오' 하고 말해야 합니다. '네, 무슨일인데요?' 하고 대답해도 어차피 상대방은 똑같은 내용을 부탁하기 마련입니다. 똑같은 내용의 부탁이라면 이왕이면 상대방이 기분 좋게 부탁할 수 있도록 배려해 주는 것이 좋습니다. 상대방의 말을 무엇이든 듣는다는 것과 부탁을 실제로 들어 준다는 것과는 별개의 문제이니까요.

여기에 열거된 표현법들은 그 당시의 심경이나 상황에 대해 정확하게 표현하는 말이 아닌데도 상대방은 '적절한 표현'으로 받아들이게 되는 말들입니다. 이처럼 응용 범위가 넓은 말은 상대방을 유혹하는 말이면서 사용하는 이에게도 소중한 보물이 됩니다. 이 보물들을 소중히 하여 당신도 화술의 프로가 되기를 바랍니다.

11 사람의 마음 속으로 들어가는 4단계

사귄 지 얼마 되지 않은 남녀가 더욱 가까워지기 위해서는 우선 자신을 알리는 작업을 해야 합니다. 그렇지 않고 갑자기 청혼이라도 한다면 아마 좀 이상한 사람이라는 평을 받을지도 모릅니다. 거절을 당할 확률도 그만큼 높아질 테고 말입니다.

상대방에게 당신을 각인시킬 수 있는 말이나 심리적인 최면 용어의 사용법도 이와 마찬가지입니다.

제1차 접근 용어부터 시작해 제2차, 제3차를 거쳐 마지막에 제4차 접근 용어의 순서로 나아가야 하는데, 여기서는 순서가 중요합니다. 별로 친하지 않았던 상대방도 이 순서대로 접근한다면 어느 사이엔가 마음을 열고 둘도 없는 친구가 될 것입니다.

마음의 문을 두드리는 '제1차 접근 용어'

상대방과 처음 만날 때 가장 먼저 오고가는 말은 인사말입니다. 여기에서 말하는 '제1차 접근 용어' 는 이 인사말에서 한 걸음 더 나아간 단계를 말합니다.

이미 안면이 있는 상대에게 무엇인가 목적을 가지고 접근할때 자기의 존재를 어떻게 상대방에게 각인시킬 수 있을까요? 바로 이 점이 '제1차 접근 용어'의 관심 사항입니다.

예를 들면 상대방이 별로 바쁘지 않다는 것을 알면서도, "바쁘신 것 같군요." 하고 말을 건넵니다. 그래서 상대방이, "별로 그렇지않습니다." 하고대답하면, " 무슨말씀이십니까. ㅇㅇ씨의 활약에 대해서는 진작부터 듣고 있습니다." 하고 말을 건네면서 대화의 실마리를 풀어 갑니다.

이처럼 상대방의 근황을 물어 보면서, '실은 저도 최근에……'

하는 말로 자연스럽게 당신 쪽으로 화제의 전환을 꾀합니다. 상대방에서 당신에게로 화제를 전환시키는 것이 여기서는 가장 중요한 사항입니다.

대화 도중에, "실은 제 개인적인 일을 얘기해서 죄송합니다만……." 하고 말하며 사적인 화제 등을 집어넣어 우선 '나'를 상대방에게 각인시켜야합니다. "며칠전에 이런 일이 있었습니다." 등의 경험담으로 자신의 존재를 증명해도 됩니다. 여기서 '실은' 이라는 말이 당신에게 관심을 쏠리게 하기 위한 표현어로 적당합니다.

'실은 며칠 전에…….'

'실은 저도…….'

'실은 우리 회사에서……' 등으로 대화를 전개해 나갑니다.

특히 '실은' 이라는 말 뒤에 당신만이 알고 있는 실화를 말하도록 합니다. 상대방의 상반신을 좀더 앞으로 기울이게 하십시오. 이것이 '제1차 접근 용어' 의 역할입니다.

마음의 문을 두드리는 '제2차 접근 용어'

미국의 렌터카 회사인 '에이비스'가 업계에서 가장 큰 점유율을 차지하고 있는 '하트'에게 뒤지고 있을 때 회사 광고 문구에

당당하게 '넘버 2위 선언' 을 하여 매출을 신장시켰다는 일화가 있습니다. 있는 그대로의 모습을 알리는 자세가 소비자들에게는 성실한 기업 이미지로 받아들여졌던 것입니다. 이와 같은 방법이 '제2차 접근 용어' 입니다.

'저 같은 사람에게는 정말 힘든 일입니다.'
'꼭 한번 가르침을 부탁드리고 싶군요.'
'저는 거기까지 생각이 미치지 못합니다.'

이처럼 상대방이 격상되는 것을 느끼게 할 수 있는 말을 동원하는 겁니다. 단순하게 자신을 격하시키는 것이 아니라, 상대방과의 비교에서 자신이 한 수 아래라는 것을 강조하는 것이 요령입니다.

서로 이웃하고 있는 아파트에서 자기 방의 창문이 맞은편의 창문과 같은 높이라면 왠지 열기가 망설여집니다. 그런데 자기방 창문이 상대방의 창문보다 높다면 마음 놓고 열어 버립니다.
이처럼 상대방을 '높은 창문' 으로 추켜세워 주는 겁니다.

'당신에 비하면 저 따위는…….'

'귀사에 비하면 저희 회사 따위는…….'

여기에서 '따위는' 이라는 말이 상대방의 '높은 창문' 의식을 자극합니다.

하지만 상대방은 자신이 높은 창문에서 내려다보고 있다고 생각하겠지만 사실은 당신이 계단 중간까지 올라 오고 있다는 사실을 알아차리지 못하는 것일 뿐입니다.

마음의 응접실로 들어가는 '제3차 접근 용어'

마음의 문을 노크하여 상대가 문을 열어 준다면 이번에는 '응접실'을 방문합니다. 물론 상대방이 당신을 손님으로 인정해 주지 않는다면 응접실까지 초대받을 수 없습니다. 손님으로 초대 받기 위해서는 당신에게 그만큼의 가치가 있어야 합니다. 여기서 가치란 어떻게 상대방에게 도움이 될까에 따라 결정됩니다. 그것을 말을 통해 전달하기 위해서는 '~없습니까?' 라는 말을 사용한다면 효과적입니다.

> **무엇인가 도와드릴 일이 없습니까?'(노동에 의한 봉사)**
> **'이런 얘기 들어보신 적 없습니까?'(정보의 제공)**
> **'꽤 괜찮을 것 같다는 생각이 들지 않으십니까?'**
> **(찬성, 지지의 표명)**

이런 표현법이 당신의 손님으로서의 가치를 약속해 줍니다. 자신의 가치를 인식시킨다는 말은 '제2차 접근 용어' 에서의 자신을 격하시키는 전술과 결코 모순되지 않습니다. 격하시켜서 보여 준다는 것은 진정한 실력이나 능력과는 관계없이 일단 자신이 한 걸음 물러나는 자세를 보여 준다는 것을 의미합니다. 겸손한 자세를 취하면서 상대방에게 도움이 되는 가치를 빛나게 합니다. 이것이 '제3차 접근 용어' 의 심리적인 최면 효과입니다

마음의 침실로 들어가는 '제4차 접근 용어'

응접실에 머물러 있는 동안은 아직 사회적인 교제 범위에서 벗어나지 못하고 있습니다. 상대방이 좀더 경계심을 풀어 침실까지 들여다볼 수 있도록 허락한다면 당신과 상대방의 관계는 더할 나위가 없습니다.

사람들이 누군가에게 자신의 집을 아무런 두려움 없이 보여 줄 수 있다는 것은 그만큼 상대방에게 편안함을 느끼고, 경계하지 않는다는 것을 뜻합니다. 우리가 그들의 마음의 침실에 들어가기 위해서는 이처럼 상대방에게 편안한 사람, 즉 경계심을 갖지 않아도 될 만한 사람이 되어야 합니다.

그러기 위해서는 첫째, 상대방과 비밀을 공유해야 합니다. 여기서 키워드는 '만' 입니다.

여기에서만 하는 얘긴데…….'

'○○ 씨만은 알아두었으면 하는 얘깁니다만…….'

'이 기분만은 알아 주셨으면 합니다.'

이처럼 당신이 제공하는 정보를 '한정 정보'로 만드는 겁니다. 그것만으로도 당신과 상대방은 누구에게도 보여 주지 않던 침실에 함께 있는 기분이 들 겁니다.

비밀의 공유는 특정한 정보에 한정되지 않습니다. 취미도 때에 따라서는 당신과 상대방과의 비밀이 됩니다.

매우 사소하기는 하지만, '저여자는 왠지 마음에 들지 않아', '과장님은 왜 그렇게 지독한거야?' 하는 식으로 인물 평가에서 의견이 일치된다면 다른 사람에게는 말할 수 없는 두 사람만의 비밀이 될 수 있습니다.

5

때로 침묵은 말보다 강력하다

12
시선의 움직임으로 대화를 조종한다

눈은 마음의 창이라는 얘기가 있습니다. 굳이 입으로 말을 전하지 않아도 눈빛만으로 더 많은 애기를 할 수 있는 법입니다. 이처럼 눈빛, 즉 시선은 사람의 마음을 사로잡을 때 매우 중요한 기능을 합니다.

시선을 교환함으로써 많은 대화를 하는 방법으로 '아이 컨택(Eye Contact)'이라는 말이 있습니다. '아이 컨택' 은 문자 그대로 '눈의 접촉' , 즉 시선이 서로 만나는 것을 의미합니다.

아이 컨택이 빈번하게 쓰이는 예가 바로 운동 경기입니다. 예를 들어 축구에서는 순간의 타이밍을 잘 계산하여 우리 편 선수에게 패스를 보낼 때 눈과 눈이 서로 합의를 교환해야 합니다. 아이 컨택으로 공을 차는 타이밍, 뛰어들어가는 방향이 순식간에 결정됩니다. 숨죽일 듯한 스피드로 절묘하게 패스가 이루어지기 위해서는 시선과 시선이 만나 의사를 교환해야 합니다.

아이 컨택이라는 말은 원래 심리학 분야에서 자주 사용되고 있는 용어로, 시선의 움직임, 눈과 눈이 만나는 빈도 등이 인간심리에 어떤 영향을 끼치는 것인지에 대하여 예전부터 많은 연구가 실행되어 왔습니다.

특히 사회심리학자 아가일은 시선이 보내는 신호의 의미와 해석에 대해 다음과 같은 주장을 했습니다. 두 사람이 대화를 주고받는 장면을 관찰하고 있으면 한쪽 사람이 말하려고 하는 순간, 다른 한쪽 사람은 시선을 피하는 경향을 볼 수 있는데, 아가일은 이렇게 시선을 피하는 행위는 듣는 이가 말하는 이의 이야기를 재촉하는 신호라고 결론짓고 있습니다.

실제로 상대방이 시선을 피하는 것을 느낀 사람은 재촉받은 것처럼 더욱 쉴 새 없이 얘기하는 경우가 많았습니다. 다시 말해듣는 이의 시선의 움직임에 따라 말하는 이의 언어 중추가 자극받는 셈입니다.

축구선수의 아이 컨택처럼 순간적인 시선의 접촉으로 뜻과 뜻이 통하는 대화가 있는가 하면, 시선을 피함으로써 상대의 마음을 자극하는 대화도 있습니다.

시선을 접촉해도 좋고, 피해도 좋습니다. 입처럼 많은 말을 할 수 있는 눈의 위력만 이해할 수 있다면 말입니다.

기억해 두십시오. 상대방을 대화로 끌어들이기 위해서는,

'3초 정도 상대의 눈을 보고 7초 동안 피한다. 다음에는 5초 정도 보고 7초 동안 피한다. 그리고 다시 3초 동안 보고 7초 동안 피한다.'

이 반복이 기분 좋은 대화의 리듬을 만듭니다. 이것은 '37573 리듬' 으로 알려져 있습니다.

13

말보다 강력한 보디 랭귀지

일본에는 '어깨 두들기기' 라는 말이 있습니다. 예전에는 이 어깨 두들기기가 부모님의 어깨를 주물러 드리자는 의미로 사용되었지만 고도 경제 성장이 끝나고 끝도 없는 불황에 접어든 지금, 어깨 두들기기에는 새로운 의미가 부가되었습니다. 즉 명예퇴직을 권유(재촉)할 때의 바로 그 어깨 두들기기가 된 것입니다.

"응, 알아서 하겠지?" 하고 말하며 인사 담당자가 고개를 숙이는 상대의 어깨에 살짝 손을 얹습니다. 조심스러운 손놀림은 예전의 어깨 두들기기처럼 기분 좋은 느낌이 결코 아닙니다. 어깨에 얹은 손바닥으로부터 상대의 괴로워하는 마음이 전해져 옵니다. 어색한 침묵 뒤에 상대가 결심했을 것 같은 시점에서,

"항상 건강하고" 하며 마지막에는 어색하게 어깨를 '툭' 두들깁니다.

여기서 만일 어깨에 손을 얹는 동작이 없었거나 어색하더라도 마지막에 어깨를 툭 두들기는 행동이 없었다면 어땠을까요? 서먹서먹한 분위기가 더욱 서먹해질 것 같지 않습니까? 듣는 쪽은 충격을 억제하지 못하고 움찔 어깨가 굳어질 듯하고, 말하는 쪽에서는 손을 어디에 둘 줄 몰라 머뭇거릴 수밖에 없습니다. 역시 어깨와 손바닥의 접촉이 있고 나서야 비로소 '응?' 이라는 짧은 말로 복잡한 심경을 나타낼 수가 있는 것입니다.

이처럼 어깨에 손을 얹는 행위가 입에 담기 어려운 말을 대신 하는 역할도 하고 있습니다. 이것이 무언의 '보디랭귀지' 입니다.

미국에서 다음과 같은 심리 실험이 있었습니다.

길을 걸어가는 사람을 갑자기 붙잡고, "실례합니다만, 이 설문조사 좀 부탁드리겠습니다." 하고 말을 건넵니다. 그때,

① 단지 말로만 부탁을 하는 경우

② 상대방의 팔에 슬쩍 접촉하면서 부탁하는 경우

이처럼 두 가지의 경우를 설정하여, 설문 조사가 끝난 후에 일부러 설문 조사지를 떨어뜨렸을 때,

① 단지 말로만 부탁을 했는데도 설문 조사에 응해 준 사람

② 팔에 접촉하면서 부탁한 사람

어느 쪽이 떨어진 설문 조사지를 주워 주는 비율이 높았을까요?

결과는 ②의 경우로 팔에 가벼운 접촉이 있었던 쪽에서 도와주는 사람이 많았습니다. 이 결과가 나타내는 바는 과연 무엇일까요? 인간이란 의외로 단순한 동물이기 때문일까요? 아니면 언어를 뛰어넘는 고도의 커뮤니케이션 능력이 있다고 보아야 할까요?

14
말이나 행동을 흉내내는 거울 화법

영국영국 속담에, 'Birds of a feather flock together' 라는 말이 있습니다.

이는, '똑같은 날개를 가진 새는 함께 무리를 짓는다'는 뜻으로, 다시 말해 '유유상종(類類相從)' 이라는 뜻입니다. 취미나 흥미가 비슷하거나 같은 사람을 알게 되면 왠지 그 사람과는 친근감이 느껴집니다. 서로를 끌어당기는 공통점, 이것을 심리학에서는 '유사성(類似性)의 요인' 이라고 합니다.

살다 보면 그저 알고 지내던 사이였는데 뭔가 특별한 공통점이 있다는 것을 알고부터 어느 사이엔가 둘도 없는 친구 사이가 되어버린 경험들이 있을 겁니다.

상대방에게 친근감을 느끼는 공통 사항은 경력이나 취미, 출신지에 한정되지 않습니다. 단순한 얘기, 행동이나 행위조차도 서로를 끌어당기는 흡인 요인이 될 수 있습니다.

예를 들어, 여러 사람이 회의를 하고 있는 자리에서 매우 화가 난 A가 신경질적으로 담배를 재떨이에 짓이기듯 껐을 때, 당신도 A와 마찬가지로 담배를 재떨이에 비벼 끈다면 무의식중에 A는 당신을 동조자로 느끼게 될 것입니다. A가 끙끙거리며 팔짱을 꼈다면 당신도 즉시 팔짱을 낍니다. 단지 이것만으로도, 굳이 A에게 동조하는 발언을 하지 않아도 A는 당신에게 친근감을 느낄 겁니다. 이것을 '동조 효과' 라고 합니다.

이러한 원리는 상대와 1 대 1로 대화를 나눌 때에도 마찬가지입니다. 상대가 발을 포개면 당신도 발을 포갭니다. 상대가 처음부터 상의를 벗고 와이셔츠 차림으로 나온다면 당신도 '저도 실례하겠습니다' 하며 양해를 구한 뒤 천천히 상의를 벗습니다. 단지 이런 행동만으로도 그때까지 긴장되어 있던 분위기가 부드러워질 겁니다.

대화의 전문가가 되면 상대의 호흡에 자신의 호흡을 맞추는 것쯤은 간단하게 할 수 있다고 합니다. 말 그대로 상대와 호흡이 착착 맞아 그가 하는 말에 설득력은 더해집니다.

동작이나 행동에 의한 동조 효과는 이미지에 따른 침투력이 있기 때문에 언어 이상의 심리적인 최면 효과가 있습니다. 이미지에 따라 상대방에게 거울을 보는 것처럼 착각을 일으키게 해 말의 설득력을 증가시키는 것, 이것이 '거울 화법' 입니다.

거울 화법은 상대방의 심리 관찰에도 응용할 수 있습니다. 상대의 동작에서 당신과의 동조 행동을 볼 수 있게 된다면 이 비즈니스 대화에서 좋은 결과가 나오리라고 믿어도 좋을 것입니다.

15 말의 효과를 높여 주는 심리 거리

사람들 사이에 있는 공간이나 위치 관계가 상호간의 심리에 어떤 영향을 미칠까요? 문화인류학자 에드워드 폴은 사람과 사람 사이의 '거리'가 지닌 의미에 대하여 흥미로운 관찰 결과를 발표하였습니다.

그의 관찰 결과에 따르면 사람의 일상적인 인간관계 속에서 만들어지는 거리에는,

① 밀접 거리 ② 개체 거리 ③ 사회 거리 ④ 공중 거리

이렇게 4가지가 있다고 합니다. 그리고 이 거리는 다시 '근접' 과 '원접' 으로 나뉘어 전부 8개의 거리대가 상대방과의 관계나 목적에 따라 구분되어 사용된다는 것입니다. 이제 구체적으로 각각의 거리와 의미를 열거해 보겠습니다.

(단위: 센티미터)

구분	거리	의미
밀접거리	근접상 (0~15)	애무나 보호, 때로는 격투에 사용되는 거리. 상호간의 커뮤니케이션에 있어서 말보다 피부의 온기가 중요한 의미를 지닌다.
	원방상 (15~45)	한쪽이 손을 내밀면 상대의 손을 잡거나 어깨를 감싸거나, 육체적인 접촉이 가능한 거리. 속삭이는 목소리로도 의사소통이 가능하다.
개체거리	근접상 (45~75)	아직 상대를 끌어당길 수 있는 거리. 상대의 눈의 움직임이나 표정도 잘 알 수 있다.
	원방상 (75~120)	양쪽이 손을 뻗으면 서로 닿을 수 있는 거리. 1대 1로 사적인 관계가 가능한 거리의 한계다.닌다.
사회거리	근접상 (120~210)	육체적인 접촉은 어렵고 각종 모임에서 선 채로 이야기를 나눌 수 있는 거리. 사무적인 분위기 속에서 지켜지는 거리다.
	원방상 (210~360)	격식을 갖춘 분위기에 적당한 거리. 상대방과의 관계에서 '벽' 을 느끼기 시작하는 거리다..
공중거리	근접상 (360~750)	1 대 1의 대화는 거의 불가능한 거리. 대화를 나눈다 해도 위화감을 느끼게 된다..
	원방상 (750이상)	커뮤니케이션을 하기가 불가능한 거리. 강연 등과 같이 거의 일방적인 의사 전달밖에 할 수 없다.

우선 업무 등 사무적인 관계에서 대화를 할 때의 거리는 120~210센티미터까지입니다. 동일한 사회 거리라도 원접(210~360센티미터)이 되면 구체적이고 친밀한 이야기를 나누는 것은 불가능합니다. 120~210센티미터라고 하면 탁자를 사이에 두고 이야기를 나눌 수 있는 정도의 거리입니다. 이 거리에서는 대개 형식적인 대화밖에 나눌 수 없지만 약간만 노력한다면 충분히 좁힐 수 있는 거리이기도 합니다.

"이거 한번 살펴봐 주십시오. 그 데이터를 정리한 자료입니다."
하고 말하며 탁자 위에 자료 파일을 내밉니다. 그러면 자료 때문에 고민하던 상대방은 적극적인 자세를 보일 것이고 당신도 거리를 좁혀 설명을 하게 됩니다. 그때 두 사람의 거리는 사회 거리에서 개체 거리로 전환되고 있다고 할 수 있습니다.

동일한 사무적 관계라도 같은 회사에서 근무하는 동료라면 처음부터 개체 거리를 만들 수 있는데, 그때는 원접(75~120센티미터)에서 근접(45~75센티미터)으로 어떻게 좁혀 갈 것인가가 주요 관심 사항이 됩니다.

상사에게 지시를 들을 경우, 책상을 사이에 두고 눈앞에 서기보다 책상 옆으로 한 걸음 나간다면 원접 거리에서 근접 거리로 전환됩니다. 동료와의 술자리에서 약간 어려운 이야기를 할 때도 탁자에 앉는 것보다는 카운터에서 어깨를 나란히 맞추고 앉는 편이 두 사람의 실제 거리뿐 아니라 마음의 거리도 훨씬 가까워집니다.

연인과의 거리라면 개체 거리도 만족할 수 없겠지요. 최대한 밀접 거리를 만드는 문제에 모든 것이 집중되어 있습니다. 그렇게 된다면 목소리도 크게 낼 필요가 없습니다. 속삭임만으로 커니케이션이 충분히 가능하니까요.

16

마음을 유혹하는 3초 리듬

무언가를 설명할 때 장황하게 늘어놓는 사람이 있습니다. 말 그대로 난해하기 그지없을 정도로 늘어놓기 때문에 어디가 시작이고 어디가 끝인지도 알 수가 없습니다. 물론 그의 말을 이해하기는 너무나 어렵습니다.

"심리적 최면 화술이라는 것은 최면술 등에서 사용하는 말이라기보다는, 그것과는 조금 다르게 평소 사용하는 말을 약간 표현법을 바꾸는 것인데, 약간의 그런 표현법으로 상대에게 끼치는 영향이 달라집니다. 그것을 음, 최면 효과라고 합니다만, 그런 의미에서 최면술과도 밀접한 연관이 있다고 할 수 있는데, 심리학 용어로 트랜스 상태라는 말을 자주 사용하죠, 이것도 꽤 어려운 개념인데 들은 적이 있을 것으로 생각합니다만, 그런 트랜스 상태에 가까운 상태를 상대방의 마음 속에 만들고자 하는 시도가 지금까지의 연구 과정에도 있었고……."

이런 장황한 말을 듣고 있노라면 심리적 최면 화술의 설명을 듣고 있는 동안에 '최면 상태'가 되어 버릴 것 같습니다.

역시 말에는 리듬이 중요합니다.

"심리적 최면 화술은 과연 최면술일까요? 그렇지 않습니다. 어디까지나 일상 회화입니다. 예를 들어 당신이 지금 사용하고있는 말이나 표현법을 약간만 연구한다면, 그것만으로 당신이 원하는 방향으로 대화를 이끌어 나갈 수 있습니다. 그것이 심리적 최면 대화입니다."

앞에 나온 문장이 9행 정도가 필요했다면 뒤에 나온 문장은 같은 것을 설명하는데도 난 5행이 필요합니다. 대단한 문장 생략이라고 할 수 있습니다. 결국 어느 쪽도 최면술에 대한 상세한 설명은 하지 못했지만 후자처럼 간략하게 정리된 내용을 들으면, 그다지 부족하다는 느낌은 들지 않습니다.

이와 같이 이야기의 설득력을 높이기 위해서는 그 나름의 밀도와 이론이 필요합니다.

또한 말을 할 때의 심리적 리듬도 최면 효과를 높이기 위한 요소로 빼놓을 수 없습니다. 독일의 인간행동학자 터너는 세계의 오래된 시를 조사해 보니 대개 하나의 구절이 3초 이하로 되어있다고 했습니다. 이 '3초' 에는 상대방으로 하여금 지루하지 않게 당신의 얘기에 집중할 수 있는 열쇠가 들어 있습니다.

자신의 생각을 상대방에게 전해 주기 위해서 이 '3초의 리듬' 을 기억하십시오. 잠깐 연습해 볼까요? 다음 시는 폴 베를레느의 '아름다운 노래' 라는 시입니다. 소리를 내어 읽어 보십시오.

하얀 달이
숲을 비추고
가지 하나하나의
속삭이는 소리가
나무 사이로 샌다.
오오, 사랑하는 이여
연못은 마치
깊은 거울처럼
검은 버들가지의
그림자를 비추고
버들가지 사이로 바람이 분다.

꿈을 꾸는 지금은
너무도 상냥한
편안함을
안겨 주듯이
하늘을
닮은 무지개 색으로 비추고
다시 없을 휴식이여.

모두 18행의 시입니다. 아마 지금 당신이 소리를 내어 읽은 속도는 30초도 걸리지 않을 수도 있습니다. 그것을 1행에 3초를 기준으로 다시 한번 읽어 보십시오. 느긋한 기분으로, 때로는 사이를 두고 감정을 넣어 가면서 읽어 봅시다. 1분 이내에 다 읽을 수 있다면 합격입니다.

어떻습니까? 자신도 모르게 '3초 리듬' 이 익혀진 것 같지 않습니까?

17

마음의 공명을 일으키는 목소리

아무리 좋은 언변을 가지고 있고, 보디랭귀지를 가지고 있고, 상대방과 가까운 심리적 거리를 가지고 있어도 뭔가가 부족하다는 생각이 듭니다. 그는 분명히 좋은 얘기를 하고 있는 것 같지만 왠지 귀에 잘 들어오지 않습니다. 무엇 때문일까요? 그렇습니다. 심리적 최면 대화에서 빠질 수 없는 요소인 '목소리' 때문입니다.

물론 목소리는 어느 정도 선천적인 자질이기 때문에 개인의 힘으로는 어떻게 할 수 없는 요소가 아니냐고 할 수도 있겠지만 '목소리 높낮이' 는 노력 여하에 따라서 충분히 바꿀 수 있습니다.

오늘날 많은 대중매체에 나오는 CF를 살펴보면 높고 활달한 고음의 목소리와 낮은 저음의 목소리가 있습니다. 높고 활달한 목소리는 듣는 사람으로 하여금 기분을 좋게 해 주고, 알아듣기도 쉽습니다. 더군다나 조금 빠른 속도로 얘기한다면 듣는 사람의 마음도 왠지 급해지는 것 같습니다. 그래서 이런 목소리는 텔레마케팅, 설문 조사 등에서 사용됩니다.

이와는 달리 낮은 목소리는 듣는 사람으로 하여금 안정감을 느끼고 그 사람이 말하는 것에 대해 신뢰감을 높여 줍니다. 말하는 사람의 인품이 스며나오는 것 같기도 합니다.

이러한 목소리 높낮이는 때에 따라서 선택적으로 사용되어야 하겠지만 아무래도 비즈니스의 세계에서는 신뢰감을 높여 주는 낮은 목소리 톤이 좋다고 할 수 있습니다.

심리적 최면 효과를 올릴 수 있는 저음의 매력은 어떻게 나올 수 있을까요? 목소리 전문가에 따르면, 우선 어깨에 힘이 들어가지 않도록 하면서 가슴을 활짝 펴고, 단전(배꼽 아래쪽)에 약간 힘을 넣어 턱을 끌어당기는 듯한 기분으로 말을 합니다. 그러면 목소리가 가라앉아 저음 느낌이 들면서 목이나 입안을 공명상자처럼 만들어 매력적인 저음을 발성할 수 있다고 합니다. 한번 시도해 보시지 않겠습니까?

앞에서 가르쳐 드린 방법으로 다음 구절을 발음해 보십시오.

"스토라디바리우스, 스토라디바리우스, 스토라디바리우스"

묘한 떨림의 느낌이, 왠지 매혹의 저음이 된 듯하지 않습니까?

18
스스로 움직이는 소문, 소문

이제 시선의 움직임, 접촉, 호흡, 거리, 리듬, 목소리 등 말 이외에도 심리적인 최면 효과를 높이는 요소가 많다는 것을 이해하셨으리라 생각합니다. 마지막은 '타인의 입' 을 이용하는 방법입니다. 지금부터는 소문을 이용한 '원격 조종' 에 대해 애기해 보겠습니다.

어떤 정보가 바로 설득력을 발휘하지 못하더라도 시간이 지나면서 점점 설득력을 가지고 전해지는 경우가 있습니다. 이것을 심리학에서는 '가면 효과' 라고 하는데, 소문도 이와 비슷하게 사람의 입에서 입으로 전해지면서 며칠 후 매우 신빙성 있는 이야기로 부풀려지기도 합니다.

이러한 소문의 성질을 이용해 당신은 원하는 바를 굳이 당신의 입으로 얘기하지 않아도 얻어 낼 수 있습니다.

예를 들어, 앞으로 외국 지사에서 근무를 하고 싶은 당신이 외국어 공부를 시작했다면 이 사실을 여러 사람에게 소문을 내 놓는 것이 좋습니다. 굳이 상사에게 말하지 않아도 됩니다. 주위 사람들, 특히 다른 사람 얘기를 즐겨하는 사람에게 지금 무엇을 공부하고 있고, 어느 정도의 수준이라고 슬쩍 말해 놓습니다. 그러면 소문에는 소문이 덧붙여지는 성질이 있기 때문에 당신은 이미 외국어의 달인이 되어 있을 겁니다.

어느 날 갑자기 회사에 외국 손님이 찾아온다든지, 외국 지사로 누군가를 출장 보내야 한다면 그 자리는 바로 당신의 것이 될것입니다. 하지만 그렇게 되기 위해서는 당신은 꾸준하게 노력을 하고 있어야 하며, 당신에 대해 적대감을 가지지 않고 좋게 말해 줄 수 있는 회사의 소식통을 동료로 만들어야 합니다.

6

심리 대화 달인들의 고급 대화

19 최고 세일즈맨에게 배운다

지금까지 심리학 이론이나 실험에 기초하여 심리적 최면 대화에 관한 몇 가지를 소개해 왔지만, 사실 당신 주위에도 심리적 최면 대화의 달인은 있습니다. 그들은 자신들의 경험에 기초한 고도의 기법을 구사하는 심리적 최면 언어의 마술사라고도 할 수 있는 사람들입니다.

특히나 우수한 세일즈맨은 심리적 최면 언어의 사용에 있어서 다른 어떤 직업인과 비교해도 탁월합니다. 특별히 언변이 좋지 않아도 상대방의 마음을 끌어당기는 매력적인 말들이 마음 깊숙한 곳에서 쉴 새 없이 터져 나옵니다.

미국에 엘르마 포이러라고 유명한 세일즈의 달인이 있습니다. 그의 세일즈 실천론은 미국 240여 곳의 기업에서 채택되어 지금도 신입 사원 교육에 이용되고 있습니다. 그가 말한 유명한 말중, '시즐(sizzle)을 팔아라!' 하는 말이 있습니다. 시즐이란 스테이크 등을 뜨거운 철판 위에서 구울 때 나는 '칙칙' 소리입니다. 그 소리를 듣고 있으면 왠지 배가 고파 오는 것 같습니다.

그렇습니다. '시즐을 팔라' 는 말의 뜻은 고기 그 자체가 아니라, 구울 때 나는 '칙칙' 하는 소리로 고객을 끌어당기라는 의미입니다.

요즘 백화점 음식 판매 코너에서는 시식회를 많이 합니다. 그런데 대부분 음식을 다른 곳에서 만들어서 나오는 것이 아니라 시간이 걸리더라도 그 자리에서 조리를 합니다. 조리를 할 때 나는 소리와 냄새, 바로 그것이 시즐입니다.

시즐은 소리나 냄새에만 적용되는 것이 아닙니다.

"이런 옷을 입고 데이트에 나가면 애인이 몹시 좋아할 걸요. 요즘 날씨도 좋은데 이 옷을 입고 강변에 가서 드라이브도 하고 야경을 바라보며 바람도 쐬고……호호호. 애인이 굉장히 좋아할 것 같지 않으세요?"

지금 이 판매원은 시각적인 이미지로 상품을 판매하고 있습니다. 손님으로 하여금 그 옷을 입고 강변에서 드라이브를 하며 야경을 바라보는 모습을 떠올리게 합니다. 이런 이미지도 소리나 냄새와 마찬가지로 강력한 시즐이라고 할 수 있습니다.

이처럼 세일즈맨들은 손님에게 심리적인 최면 효과를 높이기에 최선을 다하고 있습니다. 그들이 사용하고 있는 몇 가지 방법은 여러분들도 일상생활 속에서 응용할 수 있는 것들입니다.

협상 성립의 열쇠는 1 · 6 · 3

상대방과 만날 수 있는 시간이 약 10분 정도라면 인사에 1분, 상대의 말을 듣는 것에 6분, 그리고 마지막에 자기의 이야기를 하는 데에 3분, 이렇게 1 · 6 · 3으로 시간 배분을 하는 것은 세일즈맨의 상식입니다. 여기서 특히 주의해서 살펴봐야 하는 부분이 '자기가 말하는 시간의 2배를 상대방에게 안배한다' 는 것입니다. 이것을 일상적인 대화에 적용시키고자 한다면 결코 쉬운 일은 아닙니다.

예를 들어 당신이 만나기를 청해서 처음으로 만나게 된 상대라면 당연히 당신의 이름부터 면담의 목적에 이르기까지 어느정도

기본 정보를 구체적으로 말하지 않으면 안 됩니다. 이런 때 아마추어라면 저자세로 나가기 때문에 자신도 모르게 말이 많아지게 됩니다. 그러나 베테랑 세일즈맨이라면 자기 소개와 방문의 목적에 대해서는 가능하면 간단하게 소개를 끝내고 나머지는 상대방이 말할 수 있도록 합니다.

현관에서 아이들 신발을 보았다면, "아이들이 아직 유치원에 다닙니까? 한창 힘드시겠어요." 하며 상대방이 편안하게 말할수 있는 육아에 관한 이야기를 꺼내는 겁니다. 상대방이, "매일 매일 전쟁 치르는 것 같아요." 이렇게 푸념을 늘어놓는다면 두사람의 심리적인 거리는 더 가까워지게 되어 이야기를 들을 수 있는 기회가 더욱 넓어집니다.

상대방이 한바탕 이야기를 하도록 유도한 뒤, " 그렇다면 이런 일로 곤란하시지 않으셨어요?" 하면서 본론으로의 전환을 꾀합니다. 이 단계에서도 아직 상품 설명을 상세하게 하지 않는 것이 좋습니다. 어디까지나 상대방의 체험담에 귀를 기울입니다. 잠시 후에 판매하고자 하는 상품과 연관이 될 것 같은 이야기가 상대의 입에서 나왔을 때, " 실은……." 하고 말하며 당신의 목적에 대한 이야기를 하기 시작하는 겁니다.

상대방에게는 '도대체 이 사람, 뭐 하러 왔지?' 하는 의문이 들 정도로 자신의 카드를 가장 마지막까지 남겨 둡니다. 이것이 숙련된 세일즈맨의 대화 노하우입니다.

당신만 없을지도 모른다

많은 신문이나 잡지를 보면 '○○기 최고 히트 상품' 이라는 명목으로 여러 가지 종목에서 상품이 소개됩니다. 이렇게 히트상품이라고 선전하는 것은 무엇보다도 '다른 사람들은 다 있는데 당신만 없다' 는 심리를 자극하는 것입니다.

이러한 심리 상태를 이용하는 것이 '순서 대기 화법' 입니다. 모두가 가지고 있기 때문에 나도 가지고 싶다, 유행에 뒤떨어지는 것은 참을 수 없다는 의식은 현대인에게서 많이 볼 수 있습니다.

이런 심리를 잘 알고 있는 세일즈맨은 다음과 같은 표현법을 자주 사용합니다.
"최근 이 상품을 사용하고 계시는 분이 증가하고 있기 때문에 ○○ 씨도 잘 알고 계시리라 생각합니다."
이렇게 다른 사람들은 모두 알고 있고 사용하고 있다는 착각을 일으키게 하여 '그럼 나도' 하는 생각이 들게 합니다.

사람은 누구나 자기가 속한 '준거 집단' 을 원합니다. 학생들은 동아리가 있고 주부들도 친하게 지내는 이웃들이 있는 등 준거 집단은 사람에 따라 다양합니다. 유행을 좇아가거나 다른 사람들의 눈을 의식하는 사람들에게는 화제가 되고 있는 가게나 유행 상품을 사용하는 그룹도 (그것이 세일즈맨들이 만들어 낸 이야기라 하더라도) 훌륭한 준거 집단이 됩니다.

금방 친해질 수 있는 이야기

이것도 세일즈맨들의 화법으로는 기본 중의 기본입니다. 예를 들어 고객의 집을 방문한 젊은 세일즈맨이,

"집이 꽤 좋군요. 저도 아직 미혼인데 요번에 무리해서 집을 한 채 장만했거든요. 그런데 대출금이 앞으로 33년이나 남아 있는 저에게 누가 시집오려고 하겠습니까?" 하며 자신이 아직 독신이고 많은 대출금을 가지고 있다는 사생활을 자연스럽게 밝힘으로써 상대에게 꾸밈없는 자신을 보여 줍니다. 심리학에서 말하는 '자기 개시' 라고 할 수 있습니다.

여기서 고객이, " 아무리 대출금을 갚아야 된다고하 지만집은 훌륭한 재산이잖아요. 게다가 아직 젊고, 이런저런 고민하지 마시고 힘내세요." 하면서 별거 아닌 것처럼 말한다면 세일즈맨에게는 오히려 득이 됩니다. 즉시 그는, "그렇기는 합니다만, 어디 그게 제 맘대로 되나요. 특히나 이런 일은 성과에 따라 급여가 완전히 차이 나니까요. 그래서 날마다 악전고투하고 있지요." 하며 다시 한번 자기 개시를 합니다.

어떻게 하면 고객과 더 가깝게 다가갈 수 있을까 하는 것이 '신상에 관한 이야기' 를 하는 목적입니다. 베테랑 세일즈맨이라면 처음 만나는 고객이라도 무언가 좋아하는 전문 분야가 있다는 것을 알게 되면 그것에 대해 미주알고주알 묻는 방법을 택합니다. 그러면서 자기 신상에 관한 얘기까지 숨김없이 꺼내게 해 실제로는 상대방의 마음 깊숙이 파고 들어가는 방법입니다.

그리고 보너스로 고객의 경제적 사정도 확실하게 파악할 수 있으니 그야말로 일석이조의 방법이라 할 수 있습니다.

장밋빛 미래를 제시하라

장밋빛 미래를 제시해 상대방의 욕구를 자극하는 방법입니다. 앞에서 말한 시즐 이야기에서 나온 의복 판매원의 예도 장밋빛 미래를 제시한 화법이라고 할 수 있습니다. 새 옷을 입고 강변을 드라이브하고 멋진 야경을 바라보는 자신의 모습을 떠올리게 하는 겁니다.

이러한 장밋빛 미래의 신빙성을 높이기 위해서는 때로 좋지 않은 조건도 함께 제시해야 합니다. 흔히 '가격' 을 좋지 않은 조건으로 사용합니다.

"가격은 분명 비쌀지 모르지만 자녀분의 장래를 생각해 보십시오. 학교의 영어 교육이라고 해 보았자 아직도 수험 공부를 중심으로 하는 공부란 것은 알고 계시지요? 그러나 어렸을 적부터 이 교재를 사용한다면 현지인과 가까운 발음과 듣기 실력이 자연스럽게 숙달됩니다. 자녀분이 사회에 나가게 될 때를 생각해 보십시오. 이제 영어는 필수조건이지 않습니까? 빠르면 빠를수록 좋습니다. 일찍부터 영어를 가르치기를 잘했다고 생각하게 되실 겁니다. 함께 해외여행이라도 가 보십시오. 중학생인 자녀분이 훌륭한 통역관이 될 겁니다."

아마 이 세일즈맨의 판매 실적은 좋았을 겁니다.

큰 숫자보다 작은 숫자

규칙적으로 모임을 하고 있는 7명의 사람이 있습니다. 그런데 어느 모임이든 모임 시간을 정하면 꼭 늦는 사람이 있듯이 여기에도 항상 늦는 2~3명의 사람이 있습니다. 그래서 이번에는 모임 시간을 평소에 모이던 오후 6시와 조금 다르게 5시 50분으로 알려 주었습니다. 사람들 중에는, '왜 그런 어정쩡한 시간에 모여야 하는 거지?' 하며 의아해하는 사람도 있었으나 약속 시간을 전달해준 사람은 상세한 설명은 전혀 하지 않고, " 꼭5시50분까지 모이세요." 하고 말할 뿐이었습니다.

그래서 이 모임은 어떻게 되었을까요? 결과는 보통 모임 시간보다 10분이나 빨랐는데도 지각한 사람이 전혀 없었습니다. 이 신기한 결과에 대해서 항상 지각하기 일쑤인 사람에게 이유를 물어보니, " 꼭 뭔가 있을 것 같아서 그랬지." 하고 말했습니다.

50분이라는 어중간한 숫자에는 사람들에게 무언가 있을 것으로 생각하게 만드는 '무언가' 가 있었던 겁니다. 이 무언가를 '단수 효과' 라고 부릅니다.

흔히 쓰이는 단수 효과로는 상품 가격에 붙여지는 19,800원이라는 숫자가 있습니다. 이는 20,000원보다 단지 200원이 저렴할 뿐인데도 느낌은 훨씬 더 저렴한 것 같습니다.

"그럼 내일 9시 45분에 방문하겠습니다."

10시로 잡는 것보다 단지 15분 일찍 방문하는 것인데도 왠지 시간에 정확할 것 같은 사람이라는 인상을 강하게 전해 주면서, 빡빡한 일정으로 바쁘게 일하고 있는 유능한 사람의 이미지도 풍깁니다. 고객에게 전해지는 무언가란 이런 경우 '성실함' 이나 '유능함' 입니다.

단수 효과와 비슷한 것으로 '환산 효과' 라는 것도 있습니다. 특히 이런 것은 부동산 광고에서 흔히 볼 수 있는데 '도심으로 부터 1시간 12분' 이라 하지 않고 '도심으로부터 72분' 이라고 합니다. 이렇게 단지 시간을 '분' 으로 표현한 것뿐인데도 전자에 비해 후자가 훨씬 가깝게 느껴집니다. 왠지 상품을 판매한다는 것은 멈추지 않는 인간 심리에 대한 탐구라는 느낌이 듭니다,

판매의 달인이 공개하는 핵심 전술

미국에서 판매로 거액의 부를 쌓은 프랑크 베드가라는 사람이 있습니다. 그도 엘르마 포이러와 마찬가지로 '판매의 신' 으로 추앙받고 있는 사람인데, 그가 이런 말을 했습니다.

"상대가 원하고 있는 것을 보여 주면 그 사람은 그것을 얻기 위해 천지도 움직인다."

이 말은 '인간이란 자신의 욕망에는 이기지 못한다' 는 의미로, 여기서 베드가가 가장 강조하는 것은 '상대방이 잠재적으로 원하고 있는 것을 이쪽에서 먼저 보여 준다'는 점입니다.

똑같은 판매 방식이라도 가게에서 손님이 오기를 기다리는 판매와 집집마다 방문하는 방문 판매는 판매하는 방법이 전혀 다릅니다. 전자의 경우는 고객이 이미 사고자 하는 욕구의 싹을 가지고 있다는 것을 전제로 하는 것에 비해 후자는 세일즈맨이 방문하기까지 고객은 사고자 하는 욕구의 싹은커녕 씨도 없습니다.

'필요한 게 없어요' 하고 말하는 고객에게, 고객이 원하고 있는 것을 마술처럼 '짠!' 하고 보여 주어야 합니다. 이것이 바로 베드가가 말하는 세일즈의 비법입니다. 여기서 중요한 사항은 고객이 항상 무엇을 원하고 있지는 않다는 사실입니다. 따라서 고객이 원하지 않는 것을 마치 원하고 있었던 것처럼 유도해야 합니다. 이런 대화 방법을 '욕구 창출 화법' 이라고 합니다.

욕구 창출을 위한 마법의 언어로는 '만약 내가 당신이라면……' 이라는 말이 있습니다. 다시 말해 당신이 상대의 입장이 되어 생각하는 자세를 보여 주는 것입니다. 고객 대신 그의 가족의 안전, 쾌적함, 안락함 등을 생각하여야 하며, 그것을 통해 고객의 숨은 욕구를 자극하여야 합니다.

'이 정도는 있는 편이 좋습니다.'
'이것만은 준비해 두지 않으면 안 됩니다.'
'저라면 그렇게 생각하겠습니다만…….'

이렇게 말하면서 '나는 당신을 위해 여기까지 생각하고 있다'는 마음을 표현합니다.

고객은 지금 눈앞의 상품을 사고 싶은 것도, 그렇다고 사고 싶지 않은 것도 아닙니다. 아예 생각조차 하지 않고 있습니다. 완전히 무관심한 고객 대신에 세일즈맨이 열심히 생각해 주는 겁니다. 고객도 덩달아서 지금까지 마음 속 깊이 잠들어 있던 자신의 욕구를 알게 됩니다. 실제로는 세일즈맨에 의해 알게 된 것이 겠지만 말이죠.

사랑과 일에 효과적인 썰물 화법

흔히 사랑은 밀고 당김의 예술이라는 우스갯소리가 있습니다. A라는 남자는 B라는 여성을 좋아했지만 B는 A를 상대도 해주지 않았습니다. 이에 굴하지 않고 A는 매일같이 B에게 전화를 걸었습니다. 환영받지 못하고 있음을 알면서도 모르는 척 상냥하게 B에게 전화를 걸었습니다. 그렇게 지낸 지 3주쯤 후에 갑자기 그로부터 매일 오던 전화가 걸려오지 않았습니다. B는 잘 되었다고 생각했지만 내심 '무슨 일이 있나?' 하는 불안에 빠지게 되었고, 결국은 참지 못하고 자기가 먼저 전화를 걸었습니다.

이처럼 A는 밀고 당기기 게임에서 보기 좋게 승리한 것입니다.

심리학에서는 자신이 애착을 가지고 있는 것을 잃어버리는 것을 '대상 상실'이라고 합니다. 모두가 그런 것은 아니지만 여기에 제시된 예에서는 처음에는 귀찮다고 여겨지던 남자의, 하루도 거르지 않은 전화로 B의 마음 속에는 A가 자기도 모르는 사이에 '애착이 가는 대상'이 되어 버린 것입니다.

이런 사랑의 기법은 세일즈에서도 자주 사용되는 방법입니다. 장밋빛 화법이나 욕구 창출 화법으로 상대방의 장점이 되는 것을 차례차례로 늘어놓고 마지막에, "어떻습니까? 여기까지 말씀드렸으니 제 역할은 이제 끝입니다. 이제 남은 문제는 고객님이 어떻게 결정하시는가입니다." 하고 의외로 분명하게 말을 끝맺습니다. 여기에서 고객이 조금이라도 망설이고 있는 듯한 모습을 보인다면 승리의 기회는 온 것입니다. 그런 때야말로 틈을 두지 말고, "아닙니다. 무리해서 지금 결정하실 필요는 없습니다. 내일 전화로 여쭙겠습니다." 하고 말합니다.

언뜻 고객에게 생각할 여유를 주는 것 같지만 이미 세일즈맨의 머리 속에는 '계약 성립' 이라는 문자가 새겨집니다.

사람은 밀려드는 파도가 강하면 강할수록 떠내려가지 않으려고 버티는 법입니다. 밀려드는 파도에는 몸을 움추리고 긴장하지만 파도가 지나간 후에는 긴장을 풀고 안심을 합니다. 그 직후에 발목을 붙드는 밀물이 밀려든다는 사실은 잊어버리고 맙니다.

20
특별한 사람들의 심리 대화

심리적 최면대화의 달인이라고 할 만한 사람들은 세일즈맨 이외에도 얼마든지 있습니다. 다음에 소개할 특별한 사람들은 바로 '자기 자신을 파는'사람들입니다. 자신의 재능을 사 줄 사람들이 많아지면 많아질수록 부와 명예를 얻을 수 있습니다. 따라서 이들이야말로 사람의 마음을 사로잡아 자신들이 원하는 방향으로 이끌어 가는 심리 화술의 프로라고 해도 과언이 아닙니다.

심리 조작 기교의 달인—정치가

그 말의 진위를 떠나서 정치가만큼 말을 사용할 줄 아는 사람은 없습니다. 그들의 능수능란한 대화는 때로 그 말의 의미조차 평범함을 넘어서고는 합니다. 예를 들어 '최선을 다해 임할 생각입니다' 하는 말을 한다면, 이 말은 상식적으로 열의를 가지고 임무에 임하겠다는 말이겠지만, 이들이 말한다면 '검토하겠습니다' 정도의 뉘앙스일 뿐입니다. 이처럼 커뮤니케이션 기법 이라는 측면에서 본다면 그들은 대중이 혀를 내두를 정도의 달인들임에 분명합니다.

"이것은 전 국민들의 뜻입니다. 조사한 바에 따르면 지역민들 모두가 제 의견에 동의하고 있습니다!"

이 또한 정치가들이 자주 사용하는 말입니다. 가만히 듣다 보면 정말 전 국민에게 확인을 한 것인지 물어 보고 싶기도 합니다. 이들이 주로 사용하는 '전 국민의 뜻', '지역민 모두' 라는 말은 경쟁자를 압도하기 위해 사용하는 단어입니다.

그의 주장이 경쟁자로부터 공격의 대상이 될 때 '다수 의견' 이라는 후광은 엄청난 위력을 발휘합니다. 이것을 심리학 용어로는 '확산 효과' 라고 합니다. 자기만의 개별적 의견을 마치 다수의 전체 의견인 것처럼 전하면 상대로부터의 반론의 위험을 줄일 수 있다는 뜻입니다.

지지자에게 말을 할 때는 이들의 청산유수 같은 말도 더욱 기세를 올립니다.

"여러분! 지금 부패한 정치를 하고 있는 자들은 누구입니까? 정치가입니다. 그 정치가는 어떤 방법으로 선택되었습니까? 그렇습니다. 바로 선거입니다. 여러분들에게 묻고 싶습니다. 부패한 정치가들을 만들어 내는 선거에 문제가 있습니까, 없습니까? 어떻게 생각하십니까?"

여기에 어려운 이론이나 논리는 하나도 없습니다. '정치를 하고 있는 이는 누구입니까? 정치가입니다' 하는 너무도 상식적인 질문과 답변을 반복해 갈 뿐입니다. 그러나 이런 단순한 자문자답(自問自答) 형 화법으로 청중의 마음을 교묘하게 유도하고 있습니다.

상식적인 것을 일부러 의문형으로 만들어 스스로 답을 내어서 자기가 강조하고 싶은 것을 말하는 방법은 정치가들이 흔히 사용하는 심리적인 최면 화법입니다.

생각을 조종한다—마술사

마술도 요즘에는 초능력(?)까지 사용할 정도이니 그 규모가 많이 커졌다고 할 수 있습니다. 하지만 이것을 마법이라 하지 않고 '마술' 이라고 표현한다는 것은 일종의 쇼(show)의 개념이 있기 때문일 겁니다.

마술사들이 흔히 사용하는 심리 화법으로는 '확인 화법' 이 있습니다. 마술사는 확인 화법을 사용해 자기가 하고 있는 작업을 관객에게 하나하나 확인받으며 마술을 진행시킵니다.

"잘 보십시오. 트럼프를 뒤집어서 여기에 늘어놓습니다. 이 카드는 아까 여러분들에게 보인 스페이드의 에이스입니다. 그럼 한 장 더 열어 봅니다. 이것도 아까 보셨습니다. 자, 다음에는 무엇이 나올까요." 하는 식으로 작업을 일일이 열거하며 관객에게 확인을 요구합니다.

그런데 마술쇼에서는 이 확인 작업이야말로 속임수의 중요한 복선으로 작용합니다. 마술사는 지금 자기가 하는 행동을 확인시키는 말을 관객에게 함으로써 보고 있는 사람들의 머리 속에 '생각의 진행 방향' 을 만듭니다. '이것은 당연히 스페이드의 에

이스다. 저쪽 카드도 아까 본 카드와 동일한 것임에 틀림없어' 하는 식으로 생각하게 해서 다음은 틀림없이 이렇게 된다는 '계획된 예측' 을 관객들이 갖게 합니다. 하지만 다른 한편으로는 속임수의 절차가 착착 진행되고 있는 것입니다.

마술쇼에서 흔히 쓰이는 또 다른 심리적인 최면 화법으로는 불필요한 설명을 생략하는 '단서 화법' 이 있습니다. 확인 화법이 간결하게 거듭해서 말을 반복하는 것에 비해 단서 화법은 불필요한 말을 생략하는 방법입니다.

"네, 공이 2개……넣습니다……닫습니다……하나, 둘, 셋." 이렇게 글로 적어 보니 무슨 일이 진행되고 있는지 도무지 알수 없습니다. 하지만 그 장소에서 직접 이러한 일들을 지켜보고 있는 관객들에게는 이것으로 충분합니다. 오히려 일일이 설명을 듣는다면 답답하고 흥미도 반감되어 버립니다.

일상적인 대화에서도 마찬가지입니다. 불필요한 말은 생략하는 편이 오히려 상대에게 가는 영향력이 강해질 수 있습니다. 세계적인 대 문호 빅토르 위고와 그의 책을 낸 출판사의 편집장이 나눈 단 두 글자의 편지는 많은 것을 생각하게 합니다.

"?"

"!"

그들은 무슨 얘기를 하고 있었던 것일까요?
"제 책의 판매량이 어떻습니까?"
"굉장합니다!"
아마 이런 대화를 하는 것 아닐까요?

내가 원하는 분위기를 만든다—사회자

어떤 전문 아나운서가 이런 말을 했습니다.

"역시 아나운서란 머리가 좋지 않으면 감당해 낼 수 없는 직업이라고 생각합니다. 어휘력도 풍부하고, 언변도 좋아야 합니다. 그러나 어휘력이나 언변보다 더욱 중요한 것은 어떤 방법으로 '뜻' 을 실을까 하는 점이라고 생각합니다."

그는 똑같은 대사일지라도 '뜻' 을 담는 방법이 다르다면 그 의미도 완전히 달라진다고 말을 했습니다.

예를 들어, '너는 그가 좋아?' 하는 말에서 3개의 단어 중 어느 것을 강조하느냐에 따라 그 의미가 미묘하게 달라집니다.

'너는' 을 강조했을 때

이 부분의 억양을 올려서 말해 보십시오. 사람들이 그에 대해 이러쿵저러쿵 평가를 하는데 그것에 대해 '너는' 어떠냐는 의미가 강조됩니다. 또는 '그는 당신을 좋아하지 않는다고 했는데 당신은 어때요?' 하는 의미가 될 수도 있습니다. 이렇듯 '너' 가 어떻게 생각하는가가 중요한 문제가 됩니다.

'그가' 를 강조했을 때

'그가' 의 '그' 음에 힘을 주면 느낌을 확실히 알 수 있습니다. 이런 경우 '그런 남자를?' 하는 의미가 있습니다.

'좋아?' 를 강조했을 때

'아?' 음에 힘이 들어갑니다. 정말 그를 '좋아하는지 아닌지' 하는 애정이 문제가 됩니다.
이처럼 짧은 대사일지라도 어느 부분을 강조하느냐에 따라 의미가 상당히 달라집니다. 이 미묘한 의미의 차이를 적절하게 구분하여 사용하는 것이 뜻의 삽입법이라고 하겠습니다.

행사를 진행한다는 것은 단순하게 뉴스를 읽어 내려가는 것과는 달리 눈앞의 사람들을 마주하고 그들의 반응을 느끼는 일입니다. 그 마음을 교묘하게 사로잡아 어떻게 모임의 취지에 어울리는 분위기를 만들까 하는 점이 프로와 아마추어의 차이입니다.

말 한마디로 7가지 색채를 표현한다 —배우

무대 배우인 당신은 대본을 보면서 연습을 하고 있습니다. 당신이 맡은 역할은 업무로 괴로워하는 샐러리맨이고, 지금은 그런 부하직원에게 상사가 말을 거는 장면을 연습하고 있습니다.

상 사 "무슨 일 있나?"

부하직원 "아닙니다."

너무나 간단한 대사지만 쉽지만은 않습니다. 이런 경우 부하직원의 대사인 '아니요' 에는 '아무 일도 없습니다' 하는 뜻이 들어 있습니다. 이런 의미를 잘 표현하셨습니까?

그럼 이런 장면은 어떻습니까? 평소 부하에게 무리한 주문을 하던 상사가 미안스럽다는 듯이 말을 겁니다.

상 사 "미안하네, 또 신세를 져서……."

부하직원 "아닙니다."

이 경우의 '아닙니다' 는 '당치도 않습니다' , '그렇지 않습니다' 의 의미임을 알 수 있습니다. 같은 '아닙니다' 지만 앞에서 말한 '아닙니다' 와는 억양도 상당히 차이가 있습니다.

이처럼 같은 '아닙니다' 에도 많은 뜻이 담겨 있습니다.

아닙니다.(다릅니다, 그렇지 않습니다.)
아닙니다.(저는 알지 못합니다, 무슨 착각이겠지요.)
아닙니다.(그 정도의 소란스러움은 아닙니다.)
아닙니다.(그렇지는 않습니다만.)
아닙니다.(그렇게 차이는 없습니다.)
아닙니다.(천만에요, 그런 말씀 들으니 오히려 죄송합니다.)
아닙니다.(아무 것도 아닙니다.)
아닙니다.(결코 그런 일은 할 수 없습니다.)

당신은 이것들을 모두 구분해서 사용할 수 있습니까? 똑같은 말이 이렇게 다양한 의미를 표현할 수 있다는 것, 이것이 바로 언어의 마력이 아니겠습니까?

마음 속 깊이 파고들어라 —심리 카운슬러

현대를 살아가는 사람들은 이런저런 스트레스를 많이 받아서 인지 최근 심리 카운슬러가 늘어가고 있습니다. 심리적인 불안을 안고 있는 사람들의 좋은 이해자, 좋은 충고자로서 카운슬러의 역할은 점점 증가되고 있는 상황입니다.

심리 카운슬러는 피상담자 스스로도 알아차리지 못하는 깊숙한 심리를 '대화' 와 '경청'을 통해 발견해 갑니다.

카운슬러의 말 대부분은 어떻게 하면 피상담자가 말을 할 수 있게 할까에 집중되어 있습니다.

"아, 그래요. 그것 큰일이었겠군요. 그 당시 어떤 식으로 느꼈었는지 다시 한번 자세하게 들려 주시겠습니까?"

그들의 어조는 되도록 평온합니다. 카운슬러의 언어 사용의 핵심은 상대의 마음에 어떻게 공명하고 있는가, 얼마만큼 깊이 이해하고 있는가를 보여 주는 것입니다. 이러한 노력을 통해서야 피상담자가 조금씩 입을 열어 갈 수 있습니다. 카운슬러는 피상담자의 말을 들으면서 상대방이 말을 줄이려고 하거나 머뭇거리지 않은지 주의 깊게 귀를 기울이며, 양파의 껍질을 벗기듯 마음의 계곡을 헤집고 들어갑니다.

이야기가 핵심으로 접근해 갈수록 진지한 경청 자세를 피상담자에게 전해 주기 위해 '과연', '그것은', '그건', '그기분알겠습니다'하는 단어를 적절히 사용하며 맞장구를 치기도 합니다.

좋은 이해자를 앞에 둔 피상담자는 말하기 고통스러운 일도 쉽게 꺼내게 되고, 그때까지 억누르고 있던 감정을 한꺼번에 쏟아내기도 합니다. 그러나 때로는 마음의 상처가 솔직한 감정 표현을 억누르기도합니다. 그런 경우에는 '슬프셨겠네요', '그런 경우에는 화를 내고 싶기도 하지요'식의 말로 피상담자가 표현하지 못한 감정을 대변해 줍니다. 그렇게 하면 피상담자는 이야기를 계속

할 수 있는 계기를 잡을 수 있게 됩니다.

미국의 심리학자 칼 로저스는 '경청(active listening)'에 대해서 다음과 같이 말하고 있습니다.

"타인이 진지하게 들어 준다면 본인도 자신이 말하고 있는 것을 주의 깊게 들으면서 말을 하게 된다. 그 결과 자신이 어떤 감정을 품고 있고 무엇을 생각하고 있는가에 대해서 파악할 수 있게 된다."

피상담자가 자기의 기분을 정리하여 말을 할 수 있게 된다면 카운슬러도 피상담자의 마음 저 깊은 곳까지 한층 깊게 이해할 수가 있습니다. 카운슬러의 진지한 경청 자세는 피상담자에게는 일종의 '보수' 라고 말하는 학자도 있습니다.

상대로부터 보수를 받으면 받을수록 자신도 거기에 대응하고 싶어집니다. 이렇듯 일상적인 대화에서도 상대방의 말에 적극적으로 귀를 기울이는 것이 중요합니다. 귀를 기울이고 집중하면 그제서야 상대방은 당신에게 마음을 열어 줄 것입니다.

거침없는 직언을 모호한 내용으로 —점술사

점치는 것을 직업으로 삼고 있는 사람들은 서민들의 심리학자라고 표현할 정도로 상대방의 마음을 잘 파악합니다. 그들은 점괘의 결과를 바탕으로 말하지만, 사실은 상대의 차림새, 표정, 말에서 상대방의 새로운 정보를 파악해 가면서 심리 분석을 하는 경우도 많습니다. 이런 말이 듣는 쪽에게 있어서는 마치 '하늘의 알림'처럼 들리니 정말 이상한 일입니다.

점술사는 자기가 하는 말을 상대방이 어떻게 받아들이고 있는지를 계속 확인하면서, 몇 가지 트릭도 사용합니다. 그 중에 하나를 예로 들자면, "지금까지 제대로 된 일이 하나도 없군요." 하고 말하고는 합니다.

이것은 누가 들어도 깜짝 놀랄 만한 말입니다. 이런 애기를 들으면 누구라도 정확하게 맞추었다고 생각을 할 것입니다. 이 세상의 어느 누가 살아가면서 계획한 대로 착착 이루어 내면서 살아갈 수 있을까요. 그러니 이 말은 어떤 사람에게도 적중하는 마법의 말이 될 수밖에 없습니다. 이 말을 들은 당신이 어떻게 대답을 하든 점술사는 '그럼 그렇지' 하는 표정을 짓습니다.

그렇지만 이런 일로 놀라서는 안 됩니다. 점술사의 심리적인 최면어는 아직도 많습니다. 점술사는 다시 당신에게 충격적인 말을 합니다.

"당신은 노력하지 않는군요."

남에게 뒤쳐지고 있음을 자인하고 있는 사람은 물론, 다른 이들과 똑같다고 생각하고 있는 사람도 그런 말을 들으면 별 생각없이 수긍해 버립니다. 뛰어난 엘리트도 이런 말을 들으면 '아직 노력이 부족하구나' 하는 반성을 하게 됩니다. 이처럼 노력을 했나 하지 않았나의 기준은 천차만별입니다.

실제로 점술사들이 점치는 것을 들어 보면 단정적이고 확정적인 표현법은 교묘하게 피하는 것을 발견할 수 있습니다. 이들은 그런 말을 해야 할 때도 반드시 단서를 붙입니다.

"괜찮아, 당신 미래에는 밝은 빛이 비추고 있어. 다만 지금의 노력을 잊지 않도록 하라고. 노력을 게을리 하면 그 빛에 그늘이 드리워질 가능성이 있어요."

무엇 하나 단정적인 표현이 없습니다. 그러나 이런 말을 듣는 쪽은 순간적으로 모골이 송연해지게 됩니다. 솔직하게 반응해 버리는 당신의 모습은 점술사에게 있어서는 새로운 판단 재료가 됩니다.

"당신은 원래 솔직하고 성실한 성격이군. 하지만 그런 성격이 때로는 재앙을 불러들이고 있어. 인간관계도 부디 주의하도록 하라구."

이 종횡 무진한 모호함이야말로 어떤 인간에게나 '맞춤 어드 바이스'가 될 수 있는 비밀인 것입니다.

심리적 최면 대화란 언뜻 생각하기에 고도의 지식과 기술이 필요한 것 같지만 사실은 평소의 인간 심리 관찰이나 경험을 통해 축적되는 것일 뿐이라서 당신도 당장 지금부터 사용할 수 있는 커뮤니케이션 기법입니다.

이 책에서 알게 된 심리 화술을 실생활에 적용시켜 보십시오. 이 책을 선택한 독자라면 분명히 효과를 얻어 비즈니스에서나 일상 생활에서 성공적인 대인 관계를 이룰 수 있을 것입니다.

마음을 사로잡는 대화법

초판 1쇄 인쇄 2018년 12월 10일
초판 1쇄 발행 2018년 12월 12일

지은이 사이토 이사무
옮긴이 이유영
펴낸이 김형성
편집, 디자인 정종덕
인쇄, 제본 정민문화사
펴낸곳 (주)시아컨텐츠그룹

등록번호 제406-251002014000093호
전화 3141-9671(代) 팩스 3141-9676
E-mail siaabook9671@naver.com
ISBN 979-11-88519-15-6